「戦国大名」失敗の研究

政治力の差が明暗を分けた

瀧澤 中

PHP文庫

○本表紙図柄＝ロゼッタ・ストーン（大英博物館蔵）
○本表紙デザイン＋紋章＝上田晃郷

はじめに

偉い父親が、お金と優秀な部下を残して逝《い》った。

しかし、周囲の期待に応《こた》えられず、結果を出せなかった……。

こういう例は、現代でもよく見かける。

資産があるのに、支えてくれる人がいるのに、伝統と歴史があるのに、正統な後継者なのに、失敗してしまう。

もちろん、親の遺産目当てに騒ぎを起こすような能無しもいるが、戦国時代という厳しい環境下で常に命の危険にさらされていれば、そんな能無しはそもそも下克《げこく》上《じょう》で消えていなくなる。

本書で取り上げた人物たちは、そのほとんどが個人として一定以上の能力を持ち、決して「能無し」ではなかった。にもかかわらず、大願成就することも、領土を守ることも、家を残すこともできなかった。その理由をさぐってみようと思い立ったのである。

従来、敗者の敗因を説明するのによく使われてきたのは、「リーダーに問題あり」というリーダー原因説であった。戦国時代で言えば、戦国大名個人の問題だと断じてきたのである。

それはそのとおりなのだが、では個人として一定以上の能力を持っていた大名たちの滅亡原因はどこにあるのか。

筆者は現役の政治家たちと話をしていて、奇妙なことに気がついた。それは、名門大学を出て海外の機関で働き、会話しているとこちらが恥ずかしくなるほど頭のよい政治家が、政治的に見ると大した実績も上げていない、という例を散見したのである。

他方、なぜだかわからないが、別に聞かれてもいないのに「この人の役に立つ話をしよう」と思わせる政治家もいる。そういう、人を惹きつける政治家のほうが、実績を積み上げているのである。

米国大統領になったジョン・F・ケネディの高校卒業時の成績は、真ん中くらいであった。しかし彼は、喧嘩《けんか》の時も遊びの時も、常にクラスの中心であった。そして彼が大統領になるとその政権には、四十代半ばでフォード自動車の社長になったロバート・マクナマラ（国防長官）や、三十歳で大学の学部長になったディーン・ラスク（国務長官）ら秀才が揃い、ケネディを支えた。

ブレーン、というのは、直訳すれば「脳」である。ケネディは自分に足りない部分の脳を外部に求め、それが見事に機能したのである。

一定以上の能力があっても、こういうブレーンを持たない人物は大成しない。

このように、リーダー個人の力を比較しても、周りを含めた力を分析しないと、失敗や成功の理由は見えてこない。

周りを含めた力、とは何か。

それは、政治力である。政治力とは、自分が思う方向に人々を動かす力だからである。

合戦はほとんどの場合、偶然の出来事で勝敗が決まることはない。外交によって敵よりも多くの味方を得、多くの兵を揃え、多くの武器を持ち、有利な場所に展開することが勝因となる。味方を得ることも兵や武器を揃える経済力を整えることも、すべては大名の政治力にかかっている。周りを巻き込んで、動かす力にかかっているのである。

政治力のないリーダーは、どんなに能力があろうと、資金があろうと、正統な後継者であろうと、人々を動かすことはできない。

これに加えて本書では、組織に属する人々の責任にも若干言及した。先ほど触れたように、組織論や失敗論はややもすると「リーダー万能論」に陥る。しかし、リーダーといえども人間であり、人並みに弱さも短所も持っている。それを補い助け、組織を発展させる責任は、組織に属している人間すべてにある。

政治力を一つの視点に、今までと少し違った角度から戦国大名の生き様を述べてみた。わかりやすくするため、外国人を含む近現代の政治家を例示し、著述した。角度の変わった読み物として愉しんで戴ければ幸いである。

本書作成にあたり岡村知弘氏には、毎度のことながら大変お世話になりました。ありがとうございました。また、PHP研究所の伊藤雄一郎氏にも、心から感謝申し上げます。そして、いつも叱咤《しった》激励《げきれい》して下さる上條末夫先生、三戸岡道夫先生に、あらためて御礼申し上げる次第です。

平成二十六年初夏　東京にて

瀧澤　中

「戦国大名」失敗の研究 ❖ 目次

第2章　足利義昭のしぶとい首

第3章　織田家臣団の有能ゆえの危険な未来

第4章 あり得なかった関ヶ原合戦の計算違い

第5章　なぜ秀頼は豊臣家を守れなかったのか

終章　政治力はいかにしてでき、いかにして失うか

編集協力――蒼陽社

第1章
武田勝頼の致命傷

偉大な父

「おやじさんの政治的なコネと個人的な影響力なくしては、力は半減してしまう」

「もしおやじさんが死んだら、取り引きをするんだ。そしてじっと様子を見ていることだ」

マフィアの家族愛を描いたマリオ・プーヅォの『ゴッドファーザー』。

マフィアのドン、ヴィトー・コルレオーネが狙撃《そげき》され、瀕死の重傷を負い、部下や息子たちがドンの家に集まって協議をする。

そこで、長男のソニーが、ファミリーの相談役であるトム・ハーゲンに、

「もしおやじが死んだらどうする、そうしたらなんと助言する」

と尋ねる。

相談役のトムの答えが、冒頭の言葉である。

「おやじさんの影響力なくしては、力は半減してしまう」

甲斐《かい》の武田家と、その滅亡について書こうとしているが、おそらく戦国時代の大

名家の多くが、絶対的な力を持った当主の死に直面して、同じような危機感を抱いたのではなかろうか。

武田信玄に限らないが、乱世では個人的な魅力や能力が、組織の統率に絶大な影響を与える。特に信玄支配下の領内は、武田家一門と譜代《ふだい》に加え、各地域の「国《くに》衆《しゅう》」と呼ばれる、独立した武将たちによって支えられていた。あとに触れるが、一筋縄で統治のできる国ではなかった。だが、信玄はそれをやってのけた。

領国を拡大させた戦国大名は、新たに支配下に入った土豪や、戦いのため人材や年貢を提供する領国民たちを統率することに長《た》けた者が多い。

特に、武田信玄は一種のカリスマ性を持った大名で、いまだに旧甲斐国地域では、「信玄公」と、「公」の尊称をつけて呼ばれることが多い。

信玄がそう思われる理由はいくつかある。

有名な「信玄堤《づつみ》」をはじめとする公共事業は、地域の繁栄に寄与し、その感謝の念がいまだに続いている。

さらに、信玄と同時代の甲斐の民から見れば、年貢の軽減も挙げられよう。

六公四民や七公三民が当たり前の当時、信玄治世下では五公五民という、戦争のない江戸時代とほぼ同じ課税で政治が行われた（時期によって差異はある）。

税が軽くできた背景には、金をはじめとする鉱山開発などがあり、「産業育成＋税の軽減」という、バランスのとれた政治が行われていた。

カリスマ

武田家中についてはどうか。

一門衆（近い親族）、譜代衆（親族関係＋数代にわたる武田家家臣）、国衆（譜代ではない各地域の武士団）がある。これに、新たに占領した地域の土豪などを先衆として組み入れ、組織ができ上がっていた。

国衆は、一門衆や譜代衆の配下に入り、「寄親《よりおや》・寄子《よりこ》」制をとっていた。つまり、信玄を頂点として、一門衆や譜代が従い、さらに彼らに属する形で国衆がいるという、ピラミッド型の組織であった。

ただし。一門・譜代はもちろん、国衆や先衆も、元々その地域に根を張る土着性が高く、さすがの信玄も、領内隅々まで自分の威光を浸透させるのに苦労している。

それゆえに信玄は、さまざまな法度《はっと》や軍法を出して、統率に努めた。

税制にしても法度にしても、それを発令する者がどうしようもない大名ならば、誰も命令に服さなかったであろう。

信玄が、領民も、そして土着性の強い家臣団も統治できた大きな理由の一つは、個人としてのカリスマ性にある。

カリスマの元々の意味は、「神の賜物」。「他人が近づき得ないような超自然的・超人間的資質」とされるが、わかりやすく言えば、「その人の前に行くと、普通でない感情（威圧感や強い親近感、尊崇の念）を抱く」ような人間である。

カリスマには、四つの類型が見られる。

一つは、偉い人の子孫、名家の出、という「血のカリスマ」で、本人の能力は二の次である場合が多いが、もちろん普通の家庭と一緒で、できの悪い二世もいれば、先代を超える二世もいる。

二つ目は、地位によって得られるカリスマ。たとえば現職の総理大臣や財界トップが持つオーラのようなもので、彼らは現実に力を持っているから、自然な反応と言えよう。

三つ目は、英雄のカリスマ。現職でなくても、偉大な実績を残した者に対する感情である。東郷平八郎や吉田茂、松下幸之助などが当てはまる。

四つ目は、異能のカリスマ。常人では持ち得ない能力を発揮する人で、軍の指揮官で言えば、織田信長やナポレオンなどが挙げられる。が、この手の人物には、時に常軌を逸した理解不能な部分があって、隠れてわからない部分があるから、人は神秘的に感じるのである。宗教指導者にもこのケースが当てはまる。

武田信玄は、名門武田家の嫡男《ちゃくなん》として「血のカリスマ」を持ち、現職の甲斐(及び周辺国)の支配者であり、戦勝の実績を持ち、軍事・行政にわたって才能あふれる人物で、さまざまなカリスマの要素を持っている。信玄がなぜカリスマ性を持ち、家中を統率し得たのか、具体的に見ていきたい。

信玄の力の背景

第一に、戦争に強かった。

デビュー戦とも言うべき海の口の戦いでは、敵を油断させて大勝利を得た。その勝ち方は、仲の悪かった父親の武田信虎を嫉妬させるほどであった。信玄最晩年には、信濃・西上野《こうずけ》・飛騨・駿河、そして三河や遠江《とおとうみ》の一部まで支配下に置いたのである。戦って勝ち続けることが、家臣からの無条件の信頼につながったことは言うまでもない。

第二に、素直に家臣からの意見に耳を傾ける度量があった。

これは情緒的な話で学問的には軽視されがちだが、信玄は若年の一時期、遊興にふけり、政治を顧《かえり》みなかった。ちょうど父・信虎を甲斐から追放したあとで、その罪悪感からか、明け方まで騒いで酒色に溺《おぼ》れ、昼まで寝るような毎日を過ごした。あるいはまた、僧を集めて詩作にふける、といった具合である。

これを、宿老である板垣信形《のぶかた》が諫《いさ》めた。

「こんなていたらくでは、追放した父君・信虎公よりも百倍も悪い大将です」

普通、血気盛んな若い領主なら、「何を言うか！」と怒りそうなものだが（当時信玄は二十三歳）、しかし、この諫言《かんげん》を心から受け入れ、以後、名将としての道を歩むことになる。

第三に、信玄は家臣団から神輿《みこし》として選ばれたということ。

信玄の父・信虎は、気に入らない家臣や領民をいきなり斬り殺すような傍若無人《ぼうじゃくぶじん》があり、家臣の信頼を失った。信虎から嫌われていた信玄も、廃嫡《はいちゃく》のおそれがあった。そこで信玄を頭領として信虎追放が行われたのである。

つまり家臣団にしてみれば、自分たちが選んだ頭領である以上、これを支える責任があったのである。

第四に、重なる戦勝によって、諸国に名を知られ、そのおかげもあって、外交を有利に進めることができた。

領土拡大によって近隣諸国は甲斐の武田を無視できなくなり、積極的に外交関係、同盟関係を持つ。北条や今川との同盟は父・信虎以来のものだが、信玄時代にはこれに加えて、たとえば織田信長がしきりと接触してきて、婚姻関係を結んだ(信長の養女と信玄の四男・勝頼との結婚など)。

戦勝↓領土拡大↓同盟強化↓他国での名声↓領内での高評価。

こうして、信玄の影響力は増幅され、逆に信玄を失えば、

「おやじさんの影響力なくしては、力は半減してしまう」

という状態になったのである。

勇敢な息子

では、その「偉大な父」が死んだらどうすべきなのか。

「もしおやじさんが死んだら、取り引きをするんだ。そしてじっと様子を見ている

ことだ」

『ゴッドファーザー』で相談役のトム・ハーゲンは、こう述べている。

実は、同じことを信玄も考えていた。

よく知られている、「三年の間、喪《も》を伏せよ」、という遺言である。

自分の影響力を知っていた信玄は、自身の死によって何が起きるのか予測していた。それは、近隣諸国による武田領内への侵入である。

侵略を避けるには、自分が死んだことを隠すのが、応急処置としては一番よい。跡を継ぐ武田勝頼について、おそらく信玄は自分ほどの器量とは見ていなかった。だから、時間を稼いで体制を整えさせようとしたのである。

諸説あるが、勝頼は、勝頼の長男・信勝が成人になるまで、その「陣代」として家中を取り仕切る、ということになっていた。つまり正式な信玄の跡目ではなく、あくまで次の当主が大人になるまでのピンチヒッターである。

勝頼は天文十五年（一五四六）、信玄が滅ぼした諏訪頼重《すわよりしげ》の娘と、信玄との間に生まれた。信玄の長男・義信が謀反《むほん》を企て自刃するまでは、「諏訪勝頼」を名乗っていた。つまり、勝頼が武田家を相続する可能性は低かったのである。

武田家中にすれば、勝頼は本流ではなく、積極的に歓迎される人物ではなかった。

信玄が勝頼を跡目にせず「陣代」としたのは、家中への遠慮もあったろう。同時に、勝頼への家中からの風当たりを考慮したと考えられる。

しかし、このことをもって勝頼が「頼りにならない凡将」ということにはならない。なぜなら、信玄が生きている当時から勝頼は戦陣にあって、数々の勲功《くんこう》を立てているからである。

永禄六年（一五六三）の上野・箕輪《みのわ》城攻略を初陣とし、信玄とともに各地を転戦。徳川家康を破った三方原《みかたがはら》の戦いでも大将として前線指揮をとっている。

勝頼を凡将と見るのは、勝頼の代に武田家が滅亡したという結果から推測したものので、あまり論理的とは言えない。勝頼は信玄と同じく、戦争には強い大将だったのである。

現に、武田家が最も多くの領土を持ったのは、信玄の死後、勝頼の代になってからである。

さらに加えて言うならば、大名が合戦、城攻めをするのは、大将一人で行うわけではない。部将たちを指揮し、兵を動かし、勝利を得る。つまり、「誰がこんなヤツのために戦うものか」と思われるような大将であったならば、合戦での勝利などできるわけがないのである。

むろん、家臣たちにとって主家は、生活の拠《よ》り所であり、その当主が多少だめでも支えることは支える。しかし、今川義元の跡を継いだ今川氏真《うじざね》も、豊臣秀吉の甥である小早川秀秋も、先代を超える領土を得るなどということはまったくなく、家臣たちは凡庸《ぼんよう》な当主を見限っている。

そういう意味で、武田勝頼は凡将ではなく、まさしく信玄の血を継いだ「勇敢な息子」であった。

ではなぜ、武田家は「勇敢な息子」勝頼の代に滅びたのであろうか。

歓迎されない権力

すでに触れたように、勝頼は父・信玄が滅ぼした諏訪頼重の娘を母として生を受けた。しかも、信玄の四男である。

もし、長男の義信が信玄に謀反を企てなければ、間違いなく「一門衆（親族）」という家臣の一人となっていたであろう。それが、長男の死、次男は盲目ゆえに出家、三男は早世したために、武田家跡継ぎの順番が回ってきたのである。

この、予想せざる権力移行に、家中の一門衆や譜代衆は反発する。

反発の理由はいろいろとりざたされているが、一門衆の穴山信君《のぶただ》や木曽義昌らの立場に立てば、

「いくら信玄公の血を継いでいるといっても、所詮《しょせん》は他家を相続した傍流《ぼうりゅう》ではないか。自分たちと立場はそう違わない」

ということは大きかろう。

本当は自分と身分の同じやつが、自分たちの上に立つ。これは愉快ではない。さて。信玄が家中を統率した理由について、①戦争に強い、②素直に家臣からの意見に耳を傾ける度量、③家臣団から神輿として選ばれた、④戦勝を背景にした外交力、という指摘をした。

勝頼は①戦争には強かったが、③家臣たちから神輿として選ばれたわけではなかった。だからこそ、遮二無二《しゃにむに》でも戦いに勝って、宿老たちに自分の実力を認めさせたかったのである。そのため、②の「素直に家臣からの意見に耳を傾ける度量」は、小さくなってしまった。

私は、勝頼は「権力の本質」を知らなかったのだ、と思えてならない。

権力とは、簡単に言えば、統制を維持する力である。

たとえば、警察。

泥棒や交通違反を取り締まるのは、そうすることによって社会を安定させ、安心して生活をおくるためである。警官は拳銃を携帯しているが、指をわずかに動かすだけで人を死に追いやることができる。そこまで強力な武器を携帯するのは、治安を乱す者に断固たる措置をとるためである。

その警察は、法律によって行動するが、法律は日本国という国家が保証している。

もし国民が、日本国という国家そのものを否定したら、警察が力を行使する正当性も失われる。

もっと簡単に言えば、権力を行使される側が、権力を認めなかったら、権力は有名無実化するのである。

「伊奈四郎」に隠された苦悩

会社の上司がどんなにイヤなやつでも、とりあえず命じられたことをするのは、課長には課長の、部長には部長の権力があり、それは会社が保証しているからである。あなたは、課長や部長のためではなく、会社のために働いている。給料をくれる会社をありがたいと思い、会社のためならば、と考えるから、イヤな課長や部長の言うこともきく。こんな会社どうでもいい、と思ったら、課長や部長どころか、社長の言うことだって誰もきかない。

権力は、実は与えられるものでもある。

だから、本当に強い組織というのは、部下が上司の権力を認め、「この上司のためなら、無理をしてでも頑張ろう」と思わせるのである。これは個々の上司たちが人間的にも優れていなければ、なかなかうまくいかない。権力をうまく行使するには、「行使されたい」と思わせる力が必要である。

勝頼は残念ながら、権力の頂点に上った段階で、周囲から「この人のために」という「歓迎される権力者」ではなかった。

つまり勝頼から権力を行使されたい、とは思われなかった。少なくとも、父・信玄の時とは違っていた。

だから、一応勝頼の言うことはきくが、心服しない。心服していないから、勝頼を批判的に見る。戦いに勝っても評価が高まらない。評価が高まらないから、もっと戦いに勝って心服を得ようとする。すると、積極攻勢に出て勝っても損害が増えて、逆に批判が集まる……。

こういう悪循環は、新社長が焦《あせ》って実績を積み上げようとし、先代からの役員が協力的でないという、現代でもよく見られる状態である。

もちろん、勝頼の側にも、斟酌《しんしゃく》してやらなければならない事情があった。

勝頼は別名、「伊奈四郎」とも呼ばれていた。諏訪頼重の娘と信玄の間に生まれ、「諏訪勝頼」を名乗り、一般には「勝頼は諏訪氏を継ぐ予定だったが、信玄の長男の死去などに伴って武田家を継いだ」と解釈されている。

それは大枠では事実である。しかし「諏訪」勝頼を名乗りながら、勝頼が武田家を引き継ぐまでの間、勝頼の支配した地域は高遠《たかとお》・箕輪領に限定されているのである（平山優『長篠合戦と武田勝頼』ほか）。つまり、諏訪地方を統治していない。高遠はすなわち伊那地方であり、ゆえに「伊奈四郎」とも呼ばれていたのである。

武田家の跡取りではなく、他方、諏訪の実質的な支配権も持たず、実に中途半端な状態で、内心忸怩《じくじ》たる思いがあったであろう。

母方の諏訪氏という名族の誇りと、周囲が崇《あが》める武田信玄の息子である、という自負が、勝頼に必要以上の「認めてほしい」という欲求をもたらすことになる。

「長篠合戦」の単純で決定的な敗因

武田家滅亡のきっかけと言われる天正三年（一五七五）の、長篠《ながしの》合戦。巷間《こうかん》、勝頼の長篠合戦での無茶な積極攻勢が武田家惨敗につながった、勝頼はなんと愚かな武将か、という説が流布《るふ》されている。

ここで、いくつかの誤解を解かねばなるまい。

第一に、勝頼はたしかに長篠・設楽《したら》ヶ原《がはら》における戦いで積極攻勢を命じ、惨敗したが、当時の合戦のありようで考えれば、あの場面で突入することは特に無茶でも無謀でもなく、ごく普通の判断であったということである。

われわれは「武田惨敗」という結果を知っているから、結果から見て勝頼を愚かと断定するが、柵を設けた程度の敵に対して、突入して蹴散らそうと考えることに、なんの不自然さもない。

第二に、鉄砲を軽視したために惨敗した、という説があるが、これも少し考慮が必要である。武田家は信玄の代からずっと、鉄砲の確保を本気で行っていた。たとえば、合戦に持ってくるべきものを事前に家臣たちに指示するのだが、その中に鉄砲と射手が明記されており、また鉄砲を多く持ってくれれば、他の軍役を軽くすることも示されていた（宇田川武久『鉄砲と戦国合戦』）。もちろんそれが、織田信長のようなスケールではなかったとしても、「軽視していた」というのは間違いで、重視はしていたが揃えきれなかった、というのが事実に近い。

織田・徳川軍と比較して鉄砲を十分確保できなかった理由は、地理的な問題や職人の確保などいろいろあるが、決定的なことは、経済力の違いである。

織田家は徳川家も含めれば、武田のおよそ三倍以上の所領を持ち、経済規模はそれ以上格差があったと考えられる。この経済力の差が、兵器近代化に影響した一因であった。

誤解の第三は、勝頼は功名心のために部下の犠牲をいとわず攻勢をかけた、という点。

すでに触れたように、武田家の中で権力基盤が弱く、これを確立するには合戦で勝利を重ねることが重要だと勝頼は考えており、単なる功名心、父親を超えようとする慢心ではない、と筆者は考える。

なぜなら、勝頼は合戦での成果はもちろん、領国経営においても優れた手腕を発揮し、信玄堤のような治水・利水も行っていて、とても暴君などとは言えないのである。さらに、家臣との軋轢《あつれき》はあったにせよ、気に入らないからといって、勝頼の祖父・信虎のように家臣を手打ちにするような恐怖政治も行っていない。

では何が、長篠合戦の敗因なのか。

それは、鉄砲確保のところでも触れた、経済力＝領国の大きさ＝兵力差、であった（長篠合戦では、武田が一万五〇〇〇、織田・徳川が三万八〇〇〇）。単純だがしかし、決定的な要因であった。

実は、勝頼にも敵の兵力情報は入っていた。が、実際に対陣してみると思ったほどでもない。これはいける、と踏んだのである。

しかし信長は、多くの兵を窪地に潜ませ、大軍であることを隠していた。

勝頼は父・信玄から、合戦だけではなく情報収集なども命じられてやっており、決して情報を軽視したわけではない。が、長篠合戦までの推移があまりにも連戦連勝であったがために、油断と慢心が生じていた。

勝頼は、奥三河や美濃にまで進出してことごとく勝利し、特に、父・信玄ですら陥落させ得なかった高天神城《たかてんじんじょう》を落とすに至って、決定的な自信を得ていたのである。

合戦の現場に持ち込まれた派閥抗争

普通、どんな組織でも「それはまずい」、と忠告したり諫《いさ》める人物がいるもので、武田家でも、穴山信君や小山田信茂、山県昌景《やまがたまさかげ》、馬場信春らが攻撃を思いとどまらせようとした。

これに対し、勝頼から抜擢《ばってき》されていた長坂釣閑斎《ちょうかんさい》や跡部《あとべ》大炊助《おおいのすけ》らが勝頼の積極攻勢を支持。

「勝頼の愚かな側近たちが、勝頼におべっかを使って、攻撃が決定した」ということになっているが、ここでも検討が必要である。

攻撃をやめるべきと主張したのは、勝頼を常に批判的に見てきた宿老たちで、攻撃を主張したのは勝頼とその側近。

勝頼派対反・勝頼派という、派閥争いが戦いの現場に持ち込まれた。

勝頼派にとってみれば、ここで乾坤一擲《けんこんいってき》の戦いを挑み、宿敵・織田信長と徳川家康を駆逐《くちく》すれば、武田の勢威は決定的となる。

それは勝頼の権力基盤を盤石にし、ひいては勝頼派である自分たちの地位も安定する。

対する反・勝頼派は、このままいけば武田は負けるかもしれない。仮に勝ったとすれば、勝頼は圧倒的な支配権を確立し、もはやわれら宿老の押さえはきかなくなる、ということに。

いやそんなことはない、宿老はみんな武田家の将来を思って、お家大事で諫めたのだ、という可能性はもちろんある。しかしあとで触れるように、武田家を裏切り滅ぼしたのは、この時攻撃を止めようとした穴山信君や小山田信茂ら、反勝頼派の一門・譜代衆である。

本当に武田の家が大事なら、勝頼を廃嫡して別に主君を立てればよい。かつて信玄が家臣たちに支えられて、父・信虎を追放した時のように。

それもせずに、武田滅亡の危機に際して率先して武田を裏切ったのである。彼らが、武田家よりも自分の家を保持することが最優先であった何よりの証拠である。

長篠合戦は武田家が滅ぶ大きな要因の一つになったが、滅びるまでになお七年の歳月を要した。

家中の不和は武田家を内側から弱体化させたが、それでもなお巨大な所領（推定で一三〇万石）や豊富な鉱山資源を持ち、信玄以来の強兵というイメージを保ち続けた武田家。しかし、大きな問題が、真綿で首を絞めるように武田家を苦しめることになる。

信玄最晩年の外交

昔も今も、国は内政によって衰え、外交によって滅びる。

内政の失敗には、まだやり直しがきく。経済政策や教育行政、社会保障政策などは、間違いに気づけば、改正してやり直せる。

しかし外交は、一つの判断ミスで国を滅ぼすことがある。

戦国時代の同盟は、それこそ自国の生死を賭けた高度な政治判断が必要で、へたな相手と組めば、滅亡を招いた。

たとえば、浅井長政は織田信長の妹・市をめとって織田家と同盟を組むが、やがて家中の動きもあって、信長を裏切り、朝倉義景と同盟を組んだ。

浅井長政自身は信長に対して親近感を抱いていたようだが、浅井家の中には、それまで仲のよかった朝倉家と対立することに感情的な違和感があり、また、新興勢力である信長への侮蔑《ぶべつ》も多少は含まれていて、越前の朝倉を信長が攻めている最中に、「今、裏切れば信長を殲滅《せんめつ》できる」と目先の利益を優先した。

信長は挟み撃ちに合う危機を乗り切って、浅井・朝倉を姉川合戦(元亀元年・一五七〇)を経て滅ぼした。

では、武田勝頼の外交とはいかなるものであったのか。

勝頼外交の最初は、信玄の喪を伏せ、信玄があたかも生きているように装うことであった。それによって時間を稼ぎ、信玄亡きあとの武田家体制を築かせる、というのが、信玄の遺志でもあった。

信玄の病気隠居は当初、疑いの目をもって見られてはいたが、それでも他の諸大名が信玄の死を確信するまで半年以上の時間がかかっている。

この間勝頼は、信玄の花押《かおう》を押した判物を多数発給しており、また見舞い客があれば、信玄の弟・武田信廉《のぶかど》を影武者に立てて対応した(花押については、信玄は生前この日のあることを予測して、数百枚の、花押だけ書いた紙を用意したという説がある。が、筆者は、違うのではないか、と考える。なぜなら、勝頼以外の人間が勝手に信玄の手紙を発給する可能性が出てくるわけで、そんな不用心なことを、信玄がやるとは思えない。おそらく右筆《ゆうひつ》か誰かが必要に応じて、本物そっくりに書いたのであろう)。

やがて勝頼は、自身で本格的な外交を展開する。

といっても、基本的には信玄晩年の外交方針を堅持し、それを進展させた。

信玄は当初、織田信長との同盟を推進し、北信濃攻略など、北東方面に進出していった。信長にとっても、尾張から美濃、そして西方に向かうにあたって、最大の脅威は東の背後にあった武田信玄であった。信長と信玄の利害は一致していたのである。

すでに触れた、信長養女と勝頼との婚姻や、信玄四女・松姫と信長長男・信忠との婚姻などは、その一つの例である（松姫と信忠の婚儀は、武田・織田が手切れとなって実現せず）。

しかし、西方に野望を燃やす信玄は、反・信長に転じる。

本願寺や浅井・朝倉、上杉や北条、毛利など、信長の脅威にさらされ、足利将軍義昭の呼びかけに応じた大名と同調した。

これが、信玄最晩年の状況であった。

もしこの状態が続いていれば、あるいは勝頼の積極攻勢は信長を圧迫したかもしれない。

だが。勝頼が武田家の実質的当主となって数ヶ月のうちに、浅井・朝倉は滅び、本願寺は信長と講和した。つまり、「反・信長同盟」は事実上崩壊していたのである。

にもかかわらず、勝頼はすでに述べたように織田・徳川殲滅を指向して、遠江・三河・尾張に侵攻し、天正三年、長篠合戦に挑み、敗れるのである。

勝頼外交最大の成果は最大の失策

長篠合戦の敗戦後、勝頼にはどんな選択肢が残っていたであろうか。

さらに打って出て信長を破るか、北条らと同盟を強化して信長からの侵略に慎重に対応するか、あるいは信長と同盟するか、そのいずれかであった。

武田勝頼は、北条との同盟を強化しつつ、織田・徳川に対抗する道を選んだ。

前述の「家中での権力基盤強化」のためにも、織田・徳川打倒は至上命題になっていた。

外交が国内での勝頼の立場強化のために利用されることになった。

もちろんこの段階で織田との和解が可能であったかどうかは疑問だが、北条との同盟は、「信長との対決姿勢を崩さずに、安全保障を確立できる」という利点はあった。

近年でも、国内の不満をそらすために外交で得点を稼ぐ、あるいは特定の国との間に危機的状況を演出し、自身の立場を強化しようとする権力者はあとを絶たない。いかに、外交問題が国内問題とリンクしやすいか、ということである。

勝頼はそれでもまだ、冷静に外交関係を確立しようとした。

北条との甲相（甲斐・相模）同盟は、信玄時代から結ばれたり破られたりしているが、甲斐・信濃・駿河を中心に展開する武田家にとって、関東の北条は何よりの同盟相手であった。

勝頼は、先年没した妻（信長の養女）の代わりに、北条氏康の娘をもらい、同盟が成立。その後しばらくは北条との同盟がうまく作用して、信玄亡きあとの不安定要素は徐々に薄らいでいった。

天正六年（一五七八）、上杉謙信が没した。

実子のなかった謙信の跡目争いが、越後で起きる。

二人の養子、景虎と景勝の争いである。

景虎は北条氏康の子で、景勝は長尾政景の子である。

北条氏政は、上杉の内紛調停を武田勝頼に依頼し、勝頼はそれに応えて越後に向かう。北条が期待したのは、もちろん景虎に上杉家を継がせることであったが、とりあえず当初勝頼は、中立の立場で動いていた。

が、しかし。

上杉景勝は勝頼に対して、「これからあなたの支配下に入ります。ついては、信越国境の五箇村を差し上げます」と言ってきたのだ。

勝頼は、乗った。乗ってしまった。

父・信玄が五度も戦って完勝し得なかった上杉が、向こうから膝下《しっか》に入りたい、と申し出たのである。もちろん、北条をバックにした景虎に勝つために、景勝は武田を取り込もうとしたのである。

だが、勝頼からすれば、まさに棚ボタの話であった。

信玄時代の宿老たちから認められ、国内の権力基盤を確立させたい勝頼としては、くらくらとめまいのするような申し出であったろう。そして天正七年（一五七九）三月、中立的立場をとっていた勝頼は景勝の側に立ち、景虎は自害して、上杉の跡目は武田勝頼の肩入れした景勝が継ぐことになった。

勝頼の、外交的勝利である。

だが、これこそ武田家を滅ぼす最大の原因となるのである。

上杉景勝を上杉家の当主にする、ということは、自動的に景虎に敵対することになる。景虎を敵に回すということは、景虎の兄である北条氏政を敵にする、ということ。

勝頼は、上杉景勝を手に入れて、それと引き換えに北条氏との同盟を失ったのである。

上杉との同盟と三国同盟

さて、冷静に状況を見てみよう。

上杉も北条も、いずれも武田にとって脅威であることに変わりない。

しかし、甲斐も信濃も北関東も駿河も伊豆も、武田領すべての東側は北条氏の所領に接している。

加えて、景勝は上杉家を相続したとはいえ、景虎派を一掃したわけではなく、領内に多数の反乱分子を抱えていた。そんな状態ではたして、武田の危機に上杉が出兵できるのかどうか。

上杉との同盟を評価する論調もある（笹本正治『戦国大名の日常生活』など）。上杉と同盟を結ばなければ、北条の勢力が拡大して武田を圧迫したであろう、というものである。

たしかにその視点は説得力があるが、他方、では上杉は武田の危機に、なんらかの役に立ったのか、という問いの答えはどうであろう。

武田が滅びる時、上杉はこれを助けることができなかった。「二、三千でも構わないから援兵を送ってほしい」、という勝頼からの悲痛な要請に上杉景勝は応えたが、しかし、武田家滅亡には間に合わなかった。

軍事的に助けにならない同盟を、はたして軍事同盟と呼べるのか。

むしろ、それによって敵に回す国があるとすれば、そのほうが大問題である。

武田家が滅んでから三百五十八年が経った昭和十五年（一九四〇）、日本は日独伊三国同盟を結んだ。

この同盟ほど不思議な同盟はない。

軍事同盟でありながら、日本は独伊と軍事支援を互いにやれなかった。

日本は独伊と地理的にきわめて遠く、また、日本が追いつめられた頃には独伊はもっと状況が悪化していたことも要因だが、ほとんどなんの支援もなかったということは述べておきたい。

他方、三国同盟は「米英に対して日本ははっきり敵対する」と、少なくとも米英からはそうとられて無理のない条約であった。

つまり、日本にはなんの利益ももたらさないだけではなく、わざわざ米英を敵に回すという、愚策の中の愚策であった。

同盟が検討された時期、ドイツは欧州で圧倒的強さを見せ、次々に近隣諸国を侵略し、欧州全域支配まであと一歩という勢いであった。これを見た日本が、「バスに乗り遅れるな」といって、同盟を強く推す世論が形成されていく。

要は、大戦略など持ち合わせずに、目先の利益を追求して、結果対米英戦へ大きく舵が切られ、日本は敗戦を迎えることになるのである。

むろん筆者は、「米英は正しい国」などと微塵《みじん》も思わない。

現に米国では、人種差別に根ざした排日運動によって、多くの日本人や日系人に危害が加えられたことは歴史の事実である。また当時、世界中に植民地を持って各国を支配していたイギリスや、大虐殺を行って植民地であるフィリピンの独立運動を弾圧したアメリカが、倫理的に日本より「偉い」わけがない。

しかしながら、政治力学から言えば、米英は世界第一位、第二位の超大国であり、敵に回して戦うには、それなりの準備が必要である。特に日本自身の国力が伴わない中で戦争の危険を冒すことは、政治にとって絶対にあってはならない選択肢である。

当時の気分として、米英を駆逐《くちく》したい、ということは、わからないでもない。たとえば日本は開戦寸前に仏印（仏領インドシナ）へ進出し、開戦後にはシンガポール・マレーシア（英領マレー）、香港、蘭印（オランダ領東インド）、英領ビルマ、フィリピン、インドの一部を占領、もしくはその一部に進出するが、これらはすべて、米英やオランダなど、欧米列強が植民地支配していた地域である。日本を取り巻くこれら欧米の植民地とそこに駐留する欧米の軍隊に、日本が脅威や屈辱を覚えたとしても不思議ではない。

だとしても。

外交・安全保障は、「気分」ではだめなのである。

腹が立った、不愉快だ、といって断交したり攻撃するのは、自滅の可能性を高める。

自国を守り、自国の主張を通すには、経済や文化、国民の質、国防力を確立し、同時に、足らざる部分を同盟で補うことで、安全は保持される。

これは、基本的に戦国時代も同様である。

「閉じこもり戦略」は可能だったか

天正七年（一五七九）九月。

武田と北条の同盟は完全に手切れとなり、両国は戦闘状態に入った。

勝頼は、領国東側の安定を失ったのである。

北条はただちに徳川と同盟を組んだ。

勝頼も、北条を圧迫するために、常陸《ひたち》の佐竹氏に同盟を持ちかける。

天正七年秋から翌天正八年にかけて、勝頼は徳川家康と戦いつつ、北条の領内に攻め込み、そのスキに家康が出てくれば、馬を返して家康を撃つという、消耗戦を繰り広げた。

この動きから言えることは、勝頼は北条との同盟が手切れになってから戦略を失って、とりあえず目前に起きる事態に対処していた、という印象が強い。

一二〇万石前後しかない武田勝頼が、この時期にはその四倍近い所領を持つ織田・徳川を主敵にするならば、織田・徳川以外に敵をつくるべきではなかった。

武田滅亡の理由としてよく挙げられるのは、長篠敗戦後、じっとしていればいいものを、やたらに戦ったために衰退したのだ、という説である。もちろん原因の一つではあるが、そもそも長篠敗戦後に、甲斐・信濃・駿河・遠江・三河・上野に「閉じこもる」ことなど可能であったのだろうか。

それは不可能である。

たとえば甲斐と信濃の一部に撤退して守りを固めたとして、では、駿河や三河や伊豆などの所領は、奪われても大丈夫なのか。

第一に、所領が減れば税収も減り、動員できる兵力も減る。ロシアがナポレオン相手に撤退を繰り返して、しかし最後は勝利を得たのは、冬将軍という猛烈な気候と、広大な領土を利用したためである。通常こうした「閉じこもり」「撤退」作戦が功を奏するのは、大陸国家や、相手方の内部に問題がある場合である。

第二に、領土を奪われれば、武田家中の統率はとれなくなる。

勝頼の武田家内における権力基盤は、戦って勝ち続けることで維持されており、負ければ求心力は失われる。

それにもっと大きな問題は、たとえば駿河の武田領は一門衆の穴山信君が領しており、駿河放棄はイコール、武田家内でも抜群の実力者である穴山信君を見捨てることにもなる。そんなことは現実的には不可能であった。

北条との同盟を失った段階で、勝頼は戦略を失った。外交の失敗は、やがて国を滅ぼすことになる。

織田・徳川同盟と日米同盟

戦国時代の外交で特異なケースとして、徳川家康の「対織田・基軸外交」がある。

織田信長という強力な、表向きはパートナー、実質的には隷属《れいぞく》に近い同盟は、変転の激しかった戦国時代において、奇跡的なほど一貫した安全保障関係を保った。

単純比較はできないが、身近な例として、戦後の日米同盟を挙げてみたい。

日米外交関係の研究者は、戦後の日米同盟をいくつかの段階に分類している。

戦後すぐの時期は米国への「隷属」。岸内閣の日米安保改定後は平等な立場を目指しながらなお、アメリカの核の傘など強力な影響下で冷戦に対応。そしてその後、小笠原や沖縄返還を経て、同盟はより緊密になった。が、米国の力が徐々に衰えてきて、各国にそれなりの役割を求め始めている、というのである。

しかし日米同盟の本質は、いずれの時期にも変わらない要素がある。

第一に、日本は有事に米軍の支援を想定し、国土防衛を図る。

第二に、日本は米軍の影響力を利用しつつ、安全保障を図る（抑止力）。

第三に、米国は日本を足掛かりに、アジアに安全保障上の影響力を誇示する。

第四に、日本は米国と協調しながら、世界への発言力を確保する。

第五に、日米ともに、同盟関係を基盤に経済的利益を図る。


今ここで日米同盟を論ずる紙幅《しふく》はないが、要は、強大な米国にある程度依存しながら、日本も基地提供など犠牲を払い、独立を確保する、というものである。

徳川家康の外交はまさに、織田家との「日米同盟」であり、大きな犠牲を払いながら、しかし利用できるところは利用して、独立を維持していた。

もちろん徳川は、北条や武田など織田家以外とも同盟を結んだ時期がある。しかし、「織田・徳川基軸外交」は変わらなかった。一時的に利益になるからといって、織田との関係を反故《ほご》にすることはなかったのである。

折々の判断や織田家の対徳川政策も詳細に検討しなければならないが、しかし家康に、織田という強力な同盟を維持するという「織田基軸」意識があったことは間違いあるまい。そしてその関係を守ったがゆえに、家康は同時代の大名たちから「律義者」と見られたのである。

もちろん家康の実態は、律義者などではない。裏切りも、主殺し（のちの豊臣家攻略）もやってのけるしたたかさを持つ、きわめて合理的な政治家である。

どうすれば徳川家を存続させ得るか、という根本を考え抜いて、自国の置かれた地政学的な意味、弱点、それを補う相手として織田信長を選んだにすぎない。

日本が戦後、日米同盟を基軸に据えたのは、アメリカが好きだとか、アメリカに対して忠義を尽くすとか、そんなことではない。

ソ連や共産中国が極東アジアで大勢力を誇る中、日本は再び強大な軍備を持って対抗するのかどうか、という選択を迫られていた。

吉田茂は、この点、明快に結論を出している。

すなわち、経済的にも外交的にも、米国を同盟相手とすることで独立が早まり、しかも軍備負担の少ない状態で経済復興を果たせる。

自国の維持と、そのための弱点補完を、日米同盟で果たそうとしたのである。

吉田外交には批判もあり、よく指摘されるのは再軍備を徹底的に拒否したことで、より米国への依存度が高くなったというものである。また、「米国の戦争に巻き込まれる」という危惧を抱く人も多い。実のところ、織田信長に従属した徳川軍は常に戦いの最前線に立たされて、大きな犠牲を払った。徳川家中には不満を訴える者もいた。それでも家康が同盟を維持したのは、「織田・徳川基軸」以外に、徳川を安定維持させる相手がいなかったからにほかならない。

少なくとも天正七年頃の武田勝頼にとって、北条は基軸外交の相手ではなかったか？

代替わりして間もない、領内に多くの不安な材料を持つ上杉景勝よりも、北条ははるかに安定した同盟相手であったと、思えてならない。

深刻だった「将校の補充」

武田家の斜陽は、急速にやってきた。

まず、天正十年（一五八二）一月二日、勝頼の妹が嫁している木曽義昌の謀反が皮切りで、二月三日には織田信忠が伊那方面から、徳川家康が駿河方面から、総攻撃を開始した。

この時、勝頼の従兄弟である武田信豊が木曽義昌討伐に向かうが、織田信忠の加勢を得た木曽軍に敗れ、早々に撤退する。

　さらに、二月二十九日。

　武田家最大の実力者であり、先代・武田信玄の信頼も厚く、信玄の姉をめとっていた一門衆の穴山信君が、家康に降伏。駿河・江尻城を明け渡した。それは戦いに敗れたのではなく、事前に（おそらく一年近く前から）内通していた結果だった。

　同時期に、北条は駿河に侵入。

　最も恐れていた、東西からの挟撃《きょうげき》に遭《あ》って、勝頼はどんどん追い詰められる。

　三月二日、高遠城が陥落。わずかな城兵でありながら見事な抵抗を見せたのは、勝頼の弟・仁科《にしな》五郎盛信であった。

　三月三日、勝頼は建設途中の新府城に火をかけ、甲府から、重臣・小山田信茂のいる都留《つる》郡・岩殿城に向かう。が、小山田信茂は勝頼を裏切り、勝頼一行は岩殿城に入れず。

　三月七日、織田軍、甲府占領。

　三月十一日、勝頼一行は天目山《てんもくざん》で自害。武田勝頼は三十六年の生涯を、妻や子たちと共に閉じた。

　ちなみにこの時、勝頼と死を共にした夫人は北条氏政の妹で、十四歳で嫁してこの時十九歳であった。

勝頼は北条に妻を返そうとしたが、本人は承知せず、「一緒に手を取り合って、三途の川を渡りたいと存じます」(『甲乱記』)と言って自害したという。

このように、織田・徳川の総攻撃が実質的に始まった二月初頭からわずか一ヶ月で武田家は滅びた。

はたして、武田家はそんなに脆《もろ》い状態であったのか。

仔細《しさい》に見ていくと、一概にボロボロだったとは言いがたい。

たとえば、前年の天正九年十月。北条方である伊豆・戸倉城の笠原政堯《まさたか》は、北条を裏切って勝頼に寝返った。政堯は、北条早雲以来の譜代・大庭氏の一族で、この寝返りを見ても、滅亡する半年くらい前までは、武田家はなお相当の勢威があったことがわかる。

一方で、人材の払底《ふってい》は深刻な問題であった。

長篠合戦によって名のある武将たちが数多く戦死したため、その跡目を埋めていくのが非常に困難であった。

勝頼は十二、三歳の子どもであっても、その血筋をひく者を亡くなった武将の跡目に据えた。だが、いくら血筋があっても、子どもでは能力の発揮は難しい。

現代でも、兵士の補充は比較的短期間に行えるが、将校の補充は簡単ではない。軍縮期の軍隊が、将校教育だけはできる限り圧縮しないのは、将校、指揮官は速成できないからである。戦国時代、多くの大名がヘッドハンティングで有能な武将を雇い入れたのは、それほど人材の消耗が激しく、有能な指揮官の補充が十分できなかったことにもよる。

長篠敗戦後の武田家では、今言ったように十二、三歳の子ども、それも、武家ではなく出家した者や町人になっていた者まで取り立てる例もあり、軍の質的低下は避けられなかった。

長篠敗戦後、人事でも大きな動きがあった。

それまで武田家中枢にあった山県昌景、馬場信春ら戦死した者たちに代わって、跡部大炊助や長坂釣閑斎、武田信豊ら、勝頼側近が重用された。

ここに、生き残った宿老たちの不満がマグマのように溜まっていく。

特に、生き残り宿老の中で最も大きな力を持っていた穴山信君は、政権中央から遠ざけられて、やがて徳川に内通する土壌をつくってしまう。

ついでに言えば穴山信君は、降伏後に武田家を攻める側として参陣し、活躍する。いかに戦国の習わしとはいえ、そしてどれほど不満があったとはいえ、勝頼を攻め滅ぼすのは気持ちのよいものではなかったろう。

穴山信君は同年六月の本能寺の変後、家康と逃れる途中、伊賀の山中で野盗に殺されるが、自らを「武田信君」と称したこともあり、武田家への複雑な心理を窺《うかが》い知ることができる。

「武田家への不忠」で織田側に処刑された重臣

武田家を滅ぼした原因は、何であったろう。

その原因をすべて勝頼にかぶせるのは酷であろう。

信玄時代の武田はたしかに強かった。が、それは、相対的に織田や徳川が発展途上であったからであり、勝頼の時代には、織田・徳川ともに強大な力を得て、長篠合戦後は徳川単独でも武田に対抗できた。

むしろ、信玄が上杉との決戦にこだわり、西上が遅れたことこそを責めるべきである。が、これは「火事場あとの賢者顔」で、当時の信玄の立場から言えば、あれが精一杯であったのかもしれない。

勝頼の失敗が、北条との決裂であることは間違いない。そして、出兵を重ねた結果として、国力が疲弊《ひへい》し兵員の欠乏をも招いたということは明らかである。

しかし、同時に考えなければならないのは、家臣たちのありようである。

組織論はややもすると、リーダーに過大な責任や能力を求めるが、家臣もその組織で生きている以上、組織維持の責任の一端を担っているはずである。

であるならば、たとえ多少気に入らない当主であっても、これをうまく支え、家を保持するのが家臣のありようではなかろうか。

統率力ではなく、統率される側の力、である。

戦国時代は江戸時代と違って、主家に対する忠誠心はあまりない、と言われている。自分の身が滅びても主家を守る、という意識が、江戸時代ほどではなかったのはたしかだが、だからといって、やたらめったら主家を裏切っていたわけではない。

織田信長のような中央集権的な大名はともかく、武田家を含めた他の戦国大名たちは、いずれも、独自の所領を持つ家臣たちが集まって、いわば集団安全保障体制で生き残りを図っていた。

自分だけでは守りにくいが、集まれば守れる。

そんな中で、自分が今、従っている大名家を少しでもよくしようとしなければ、最終的には自分が危うくなる。

なるほど、勝頼は当主としては生意気で、ちょっとばかり戦争が強いことを鼻にかけるイヤなやつだったかもしれない。だからといって、勝頼に協力せず、協力しないどころか裏切って、それで家臣の責任が果たせるのか。いや、主家を裏切って、生き残れるものかどうか。

最初に勝頼を裏切った木曽義昌は、のちに徳川家康を裏切って豊臣秀吉に与《くみ》し、その後に徳川に属するよう秀吉に命じられて、当然ながら家康から冷遇された。穴山信君はすでに触れたように不慮の死を遂げ、その子・勝千代が十六歳で亡くなると、穴山家は断絶になった。

その他の武田家重臣たちは、事前に裏切る約束がなかったこともあり、みな殺された。特に勝頼が最後に頼り、勝頼を見事に騙《だま》して裏切った小山田信茂は織田に捕らわれて、嫡男と共に処刑された。理由は、「武田家に対する不忠」。武田を滅ぼした織田側に、「武田家への不忠」を理由として処刑されたのだから、こんな皮肉なことはない。

受け継がれた主従のたしかな絆

彼らはなぜ、武田家維持のために努力を続けなかったのか。

本章冒頭の、『ゴッドファーザー』を思い出していただきたい。

「ドンが死ねば、確実に政治力は落ちる」

組織は最初、一個人（創業的リーダー）を中心に勃興《ぼっこう》し、やがて、創業者の引退、もしくは死によって、個人ではなく集団指導体制に移る。この段階から、物事を決定するシステムを整備することで、創業リーダーに依存しなくても（つまり創業リーダーがいなくなっても）、組織を維持できる体制を整えるのである。

ただし、集団指導体制の中で意思決定するにも、リーダーは必要である。

それが、形のうえであれ、創業家を維持する理由であり、創業家は重臣たちの「神輿」に乗ることによって、意思決定の要《かなめ》になっていく。

やがて二代目でも傑出した人物は、意思決定システムを自分の思いのままに動かせるよう工夫し、創業者と同じような位置を保持、業績を上げる。

武田勝頼が傑出した人物であるかどうかは難しい議論だが、もし、戦国大名の優劣を領土の大きさで計るならば、父親の時代よりも所領を拡大し、あの激動の時代に、父没後十年間もその所領を（のちに漸減《ぜんげん》はしたが）維持し得たのであるから、凡将でなかったことはたしかである。

とすれば、部下の役割としては、この凡将以上の当主をもり立て、国土防衛を図ることではなかったか。

勝頼は宿老から嫌われていたようだが、しかし、最後の段階になるまで、積極的な謀反は企てられなかった。

はたして、勝頼の失敗は勝頼個人に帰するものなのか。

筆者は、信玄以来の宿老、一門衆の責任をこそ、もっと糾弾《きゅうだん》すべきであると考える。

武田家に属した歴史の浅い国衆が武田を裏切り、風向き次第で強いほうに寝返るのは理解できる。

しかし実際に武田家滅亡のきっかけになったのは、一門衆（つまり武田と血縁関係にあった）木曽義昌であり、武田家中が雪崩《なだれ》を打って裏切るきっかけになったのは、同じく一門衆の穴山信君の裏切りである。

一門衆は、他家に比べて所領も待遇も、武田家の中で優遇されている。それは武田家を率先して守る盾になることを前提にしている。

にもかかわらず、率先して武田を裏切った。この一門衆を断罪せずに、勝頼一人を責めるのは、歴史審判の公平を欠くと言えよう。


武田信玄の五女・松姫は、織田軍が総攻撃を仕掛けてきた天正十年二月、兄の仁科盛信（最後まで戦い抜き戦死）と高遠の城にいた。が、盛信の娘を託され甲府に逃げた。甲府では、武田勝頼の娘と、小山田信茂の娘を預けられた。

迫る織田軍。

松姫は幼い三人の姫たちを連れ、険しい山々を越えて、八王子に逃れた。

三人の姫たちは、松姫が育てた。

仁科盛信の娘は、残念ながら早くに亡くなるが、武田勝頼と小山田信茂の娘は立派に成長し、いずれも大名家に嫁がせた。

勢力を誇った武田の一門衆たちが、陸続と武田を裏切る中、二人の兄（武田勝頼、仁科盛信）の娘のみならず、勝頼を死に追いやった裏切り者・小山田信茂の娘をも分け隔てなく育てた松姫。

八王子に庵を構えて尼となった松姫を慕い、多数の武田旧臣が八王子に集まってきた。いっさいの援助を断って、自ら畑を耕し縫物をして生計を立てた松姫だが、武田の旧臣たちが集ってきたことを、うれしく思わないはずはない。

松姫は貧しい暮らしの中で、しかし「自分たちは守られている」、という感覚があったのではなかろうか。

兄・勝頼がついに実感することのなかった安堵感を、松姫は得た。

悲惨きわまりない武田家の末路の中で、ほんのわずかだが、主従のたしかな絆を感じるエピソードである。

第2章

足利義昭のしぶとい首

「幸運な男」足利義昭

実は、足利義昭を「失敗例」として取り上げることに、若干の躊躇《ちゆうちよ》があった。最大のライバルである織田信長はもとより、明智光秀や義昭が仕掛けた反・織田同盟の武田信玄、上杉謙信、浅井長政、朝倉義景の誰よりも長生きし、光秀を討って天下人への道を進んだ豊臣秀吉の亡くなる一年前に、没した。

人間五十年、の時代に、六十二歳まで生きたのである。

さらに言えば、足利義昭はそもそも征夷大将軍になるべき人ではなかった。それが、「信長の操《あやつ》り人形」と後世言われようと、足利第十五代将軍として歴史に名を刻んだのであるから、決して不運の人とは言えまい。

義昭は足利第十二代将軍・義晴の次男として生まれた。つまり、第十三代将軍・義輝の弟である。

嫡《ちやく》男《なん》ではないから、六歳で奈良の興福寺一乗院に入り、「覚慶《かくけい》」と名乗った。何もなければおそらく、興福寺一乗院の門跡として、普通に一生を送ったであろう。

それが、永禄八年（一五六五）に兄である第十三代将軍・義輝が暗殺されたことによって、弟である義昭の運命が変転していく。

義昭は、兄・義輝を殺した松永久秀や三好三人衆に命を狙われたのである。

ところが、兄・義輝の家臣だった細川藤孝らによって救い出された。この時義昭は二十九歳であった。

その後三年ほど、各地の大名を頼って流浪することになるが、結局織田信長の力によって、永禄十一年（一五六八）九月上洛を果たした。

そして十月に、足利第十五代将軍に就任。

それからあとは、信長との関係が悪化、呆れるほどの陰謀を張り巡らし、方々に精力的に呼び掛け、反抗し、戦い、敗れ、それでも殺されることなく、しぶとく生き延びたのである。

のみならず、実態として足利幕府は存在しなくなり、信長が本能寺で横死《おうし》し、義昭も「過去の人」になったにもかかわらず、なお「将軍」として各地の大名に指示や許可を行う書状を発給し続けた。

諦《あきら》めが悪いのか、それとも執念深いのか。

いずれにしても、生き延びた。見ようによっては、戦国時代にまれな、「幸運な男」であったかもしれない。

日本の政治史上ではあまり見られない、しぶとく粘り腰の、負けても負けても生き残る義昭のありようは一体どこからきているのか。近現代の政治家などと比較しながら、見ていきたい。

「信長の傀儡」か

「御父、織田弾正忠《だんじょうのちゅう》殿」

永禄十一年(一五六八)十月二十四日、義昭から信長へ二通の御内書《ごないしょ》(将軍からの手紙)が送られた。そのいずれの宛名も、「御父」と、信長に対して最大級の感謝と尊敬を込めた尊称で書かれている。

この年、三年の流浪に終止符を打ち上洛を遂げた義昭は、おそらく生涯二番目の気分であったろう(生涯一番目の気分については、後述する)。

それを実現してくれたのが、織田信長である。信長に感謝の気持ちを表すために「御父」と書いたものと推測される(「実際には『御父』の記述はなかった」という論者もいるが、『信長公記』以外に『細川両家記』にも同様の記述がある)。

上洛までの義昭の動きを、簡単に振り返りたい。普通の神経では参ってしまうような逃避行を、義昭は経験している。

永禄八年（一五六五）七月に、監禁されていた興福寺から逃れ、近江の和田惟政《これまさ》に身を寄せる。が、十一月末には近江の六角義賢《ろっかくよしかた》の庇護《ひご》下に入り、武田信玄や上杉謙信らにしきりに出兵を呼びかける。

永禄九年（一五六六）八月、滞在中の六角氏の内部で、義昭の敵（足利義輝を暗殺した三好三人衆、松永久秀ら）と内通する者が出てきたために安住できず、近江から脱出。若狭《わかさ》の武田義統《よしずみ》のもとに向かった。ところが、若狭・武田家は内紛中で、義昭を匿《かくま》うどころではない。

仕方なく、越前・朝倉義景を頼り、ようやく少し落ち着くことになる。

ちなみに、足利義昭が明智光秀に出会ったのはこの頃で、光秀は流浪の末、朝倉氏の家臣になっていた。光秀はしばらくして朝倉家を去り、織田信長に仕えるが、義昭からなんらかの使命を帯びてのことであろうと、桑田忠親氏は指摘する（『流浪将軍　足利義昭』ほか）。

永禄十一年（一五六八）二月。まったく上洛する意欲を見せない朝倉義景にしびれをきらしていた義昭を、さらに衝撃が襲う。

兄・足利義輝を暗殺した三好三人衆が、朝廷を動かして、足利義栄《よしひで》を第十四代将軍に据えたのである。

自分こそ正統な将軍後継者であると自認し、命を狙われながら苦しい流浪生活を続けていた義昭にとって、これは堪え難い屈辱であった。

おそらくこの義栄第十四代将軍就任がきっかけであろう。

まだ元服していなかった義昭は正式に元服式を行い、名を改めた（それまでは義秋を名乗っていたが、「秋」の字は不吉であるとのことから義「昭」に改名した）。

義昭、三十一歳である。

義昭の「しぶとさ」

そしてついに、織田信長のもとに行っていた明智光秀から連絡がきた（同年六月）。信長が、義昭上洛のために動いてくれるという。

七月末、義昭一行は越前を出て、美濃に入った。織田信長と美濃・西庄の立政《りゅうしょう》寺《じ》で会見が行われたのである。

この時の模様を、『信長公記』はこう描写している。

「信長公は末席に鳥目（銭）千貫文を積んで、太刀、鎧、武具、馬など色々なものを贈り、義昭の家臣たちにも、贈り物や供応が中途半端なものではなかった」

義昭一行は、食べるのに困ったことはなかっただろうが、しかし、どこからも積極的な協力を得られず、朝倉家でも飼い殺し状態だった。そんな彼らにとって、会見場に積まれた大金や、刀や鎧、そして贅《ぜい》を尽くした供応は、理性をはぎとられるほど感情を揺さぶられたであろう。

そして、政治的感覚に優れていた義昭は、他の大名が内紛や遠国であることを理由に出兵しない（できない）中で、尾張から美濃・伊勢方面に進出し、さらに領土拡大を進める信長の力を、この豪華な供応の中で認識した。

贈り物の量や質を見て、その経済力の大きさに瞠目《どうもく》したのである。

頼るべきは信長であり、信長に頼っていれば、自分が足利将軍家を継ぐことができると確信した瞬間でもあった。

ここまで少々煩雑でも義昭の足跡をたどったのは、読者に、義昭の性質を知ってもらいたいためである。

命を狙われてから三年。

奈良から京坂を経て近江、若狭、越前へという道のりは、ただの旅路ではない。味方になって、庇護《ひご》してくれる大名を探しながら、そして命を狙われ続けながらの行動である。

この時、義昭の肩書は「殺された前将軍の弟」というだけで、まだ将軍職にも何も就《つ》いていない時期である。

それでも各地の有力者のもとに行き、別に兵法者でも鉄砲が打てるわけでも、お金があるはずもなく、たくさんの家来がいるわけでもないのに、「自分を守って、逆賊を討て」と言って歩くのだから、並大抵の神経ではない。

こういうしぶとさがなければ、信長相手にあそこまで戦い抜くことは不可能であったし、この義昭のしぶとさについて、信長も見過ごしていたのではなかろうか。

将軍に利用価値はあったのか

信長との会見を終えると、それまで義昭を取り巻いていた沈滞感がウソのように、事態は好転していった。

第十三代将軍・足利義輝を暗殺した三好三人衆と松永久秀は、信長の進出までおよそ三年間、京坂周辺を支配し幕府を操っていたが、信長が義昭を奉じて上洛する事態に、内部崩壊を始めた。

三好長慶《ながよし》の跡継ぎ・義継《よしつぐ》と、松永久秀が信長に内通したのである。

無理もない。

信長は六万の大軍を擁して、上洛戦を戦った。

単独ではもちろん、たとえ同盟しても、この軍勢に真正面から対抗できる勢力は近畿周辺にない。そもそも、信長が足利義昭を奉じているという大義名分があるため、これに反抗はしにくかった。

九月二十六日。

義昭と信長が美濃で初会見を行ってからわずか二ヶ月後。義昭は上洛を果たした。

十月十八日、義昭は正式に、足利第十五代将軍となったのである。

さて。

読者は少し疑問を持つかもしれない。なぜ信長は足利義昭を担《かつ》いだのか、という点について、である。

従来、「上洛の大義名分を得るため、信長は義昭を利用した」という話でくくられているが、足利将軍家が大名にとってどんな存在だったのか、ということがわからないと、信長の意図も、また、最後まであがき続ける義昭の執念やその背景が見えてこない。

以下、簡単に足利将軍家の機能を、特に戦国期を中心に抽出してみた（早島大祐『室町幕府論』、今谷明『戦国期の室町幕府』ほか）。細かく論じると数が多すぎるので、特に柱になるものをわかりやすくまとめると、次のようになる。

第一に、他の大名と同盟を組む場合の仲介者。

第二に、他の大名との紛争を解決するきっかけを与えてくれる。

第三に、地位や栄典を与えてくれる（他国や自国内で優位を示せる）。

第四に、自分の行動が正当であるとのお墨付きを与えてくれる。

このほかにも、京周辺の裁判権や日明貿易の許可などがあるが、とりあえず信長を中心に、多くの大名たちが共有した「足利将軍家の価値」を示した。

他の大名との同盟や戦争終結の際に、その権威を利用したり、あるいは自国の中で、「おれは将軍さまから名前を戴いた」「官職をもらったぞ」という権威誇示に利用されていたのである。

利用価値があるから滅ぼされない

他方足利将軍家は、栄典を与えたりすることでつけ届けなどを受け、また大名どうしの仲介者として、その地位を維持させてきた。

もっと簡単に言えば、大名たちにとって足利将軍家は、絶対に服従しなければならない相手ではないけれども、和平の仲介など他の大名たちではできないことができる存在として利用価値がある。足利将軍家は、そういう仲介者、栄典授与者として、周囲に利用されることによって自分の地位を守れる。

信長と義昭に置き換えてみると、信長にとって義昭は、単に上洛するための道具ではなく、他の大名に対する仲介者としての役割も果たした。当時の信長にはない全国区の影響力を、利用できるという利点があった。

義昭にとっては、信長の野望につき合いながらも、今までの足利将軍がそうであったように有力大名・信長という後援者を得て、将軍としての権威を誇示できる。加えて、信長に利用されることで信長から攻撃を受けない、という地位の保全も図れる。

平たく言えば義昭は、誰かから利用されないと、その存在意義がなくなってしまうのである。だから自分が操り人形だと自覚してからも、意外と長く信長に利用され続けたし、京を追放されて実効性がなくなっても、しつこく「将軍」として命令などを出し続け、「オレは利用価値があるぞ」と、権威を誇示したのである。

足利将軍家と国連事務総長

『戦国時代の足利将軍』で山田康弘氏は、足利将軍家が今の国連のような機能を果たしていたのではないか、という興味深い論考をされている。

たしかに、国連と足利将軍家には、類似した性格がある。

たとえば国家間の紛争を解決する際、国連は紛争当事者に対して停戦→話し合い→和平という働きかけをする。足利将軍家も、対立する両者に対して和解するよう呼びかけている。

また国連の安全保障理事会が、米国やロシアなど大国によって事実上生殺与奪が握られているのと同様、足利幕府も有力大名（細川氏や山名氏など二一家）によって支えられ、彼らなくしては成立し得なかった。

そこで容易に思いつくことは、安保理がそうであるように足利幕府も、有力大名の独善で機能しなくなるのではないか、ということである。

応仁の乱が起きた時、足利将軍家はその収拾にあたろうとするが、結局機能せずに戦乱が続いた。足利義昭をとってみても、上杉と武田の間の調停などを呼びかけているが、なかなか成立しない。

最大の原因は、足利将軍家、特に足利義昭の時代には、彼が独自に動かせる軍隊も経営できる所領もきわめて小さく、要は将軍家からのお達しであっても、強制力がないから大名たちは無視することもできたのである。

しかし、足利将軍家は初代足利尊氏《たかうじ》など初期の頃はともかく、中期以降は独自の強い軍隊や経済力は保持していない。それでも将軍家として機能していたのは、多くの有力大名家が足利将軍家を支え、利用していたからである。

多くの大名家が利用する将軍家こそ、足利義昭の理想とする将軍のあり方であり、それには、大名家どうしを競わせたり仲介したりする絶妙の政治力が必要になってくる。

冷戦時代、米ソ二大超大国が覇《は》を競いながらも、両国は国連を脱したりしなかった。それは、国際的孤立が不利に働くという利害計算もあったろうが、国連が「利用できる場」であったことも大きい。

そういう中で、足利将軍に比較すべきは、国連事務総長の役割であろう。

歴代事務総長の中にはもちろん能力に優劣があったが、足利将軍家と似ている点は、みな大国出身者ではなく、ほとんどが発展途上国、もしくは小国出身者であったという点である。出身国の経済力や軍事力を背景とせず、国連という権威をバックに国際問題を解決していく。

もちろん国連には、各国が参加する「国連軍」があり、義昭時代の足利将軍家よりは強力な強制力を持っていると言える。それにしても、国連事務総長が独断で派兵するわけではないので、国連事務総長の権限は、絶大とは言えない。

だからこそ、国連事務総長には政治的手腕、政治力が求められるのである。

ウ・タントが米ソの「部屋」を往復

義昭は、戦国時代の国連事務総長として期待されていたのかどうか。また、理想的な将軍（国連事務総長）としての能力はあったのか。

むろん、現代政治、それも国際政治と日本の戦国時代の機構は単純比較できない。何よりも、現代は職掌《しょくしょう》が細分化しているから、何でもこなした時代の指導者と同列には論じ得ない。

しかしながら、たとえば国連事務総長はさまざまな縛りがあるにしても、よほどのことがない限り任期途中で解任はされない。また、事務総長の手腕いかんで国際紛争や環境問題など、世界的な問題を提示して解決の糸口をさぐることができる。

これらは足利将軍家が、諸大名に及ぼした影響に近い。

そこで、一人の人物に登場してもらう。

ウ・タント。

一九六一～七一年、国連事務総長として活躍したビルマ（現ミャンマー）人である。

特徴的な丸い顔に丸い眼鏡をかけ、その丸顔同様に温厚な人柄で知られている。

のみならず、米ソ対立や南北問題が先鋭化した時代の世界の舵取りをした人物として、歴代事務総長の中で一定の評価を得ている。

一九六二年。ソ連がアメリカの目と鼻の先にあるキューバへの核ミサイル搬入を試み、それを阻止しようとしたアメリカとの間で起きた「キューバ危機」。

第二次世界大戦後初めて、米ソが直接対峙し、核戦争の脅威が現実のものになるかもしれないと世界が緊張した事件であった。

この時、当時の米国大統領ジョン・F・ケネディの弟、ロバート・ケネディ（司法長官）が、駐米ソ連大使と交渉したことが事態解決につながったという見方が一般的だが、ウ・タントの貢献も小さくなかった。

ウ・タントは、ソ連に対してはキューバへのミサイル搬入を、米国に対しては海上封鎖を、まずは二〜三週間中止するよう呼びかけた。

続いてウ・タントは、国連のアメリカ代表部を会議室に呼び、隣の執務室にソ連代表部を招き、互いの提案を聴きながら部屋を往復し、主張を近づける努力を続けた。

こうして、米国のケネディとソ連のフルシチョフ、そしてウ・タントの三者間で書簡のやりとりが行われ、米ソ首脳が直接やりとりをするきっかけをつくった。

この時のウ・タントの機能については、

①米ソ間のコミュニケーションを可能にした。二国間で正面衝突した場合、互いの面子《めんつ》から、仲介者がいなければ交渉を開始できない。ウ・タントの提案は交渉を開かせる契機になった。

②国連の権威を背景に和平を求めたことで、両国とも枠をはめられた。「世界

は平和を求めている」と言われれば、譲歩する側に名誉の撤退が可能となる。「権威ある国連のたっての願いだから、聞き入れることにした」と言うことができる（高坂正堯『世界史を創る人びと』など）。

という指摘がされている。

まさに足利将軍家に求められた仲介者としての役割と、権威をバックにした説得である。

義昭は仲介者として適性があったか

ウ・タントがかかわったすべての国際紛争がうまく収まったわけではない。特に任期後半の中東和平に関しては批判も多い。しかし、ウ・タントの人間性についての批判は、ほとんど見られない。

いつも温厚で、しかし信念を曲げず、我慢強く人の話を聴く。

人を、その社会的地位や出身国でまったく差別せず、誰に対しても同じ態度で接していた。

ウ・タントには、「仲介者」としての適性が余すところなく見られる。

第一に、自らのために謀《はか》らない。無私であり、仏教徒的な包容の精神を持ち、全体のために奉仕することを使命としていた。

第二に、正直であった。彼の妻は、「(ウ・タントと)一緒にいると、自分がかねがね思っている以上に正直になる」(ジューン・ビンガム『ウ・タント伝』)と述べている。

第三に、厳正中立であった。

これは、共産主義諸国に対しては自由の欠如を遠慮なく指摘し、逆に米国などに対しては、国内での人種差別を厳しく批判した。それゆえに、彼は東西両陣営の政治家からひどく嫌われ、また一部の政治家から強い信頼感を得ている。

もし足利将軍家の機能が国連事務総長に似ているとして、足利義昭は将軍時代、どのような仲介者であったか。

第一に、自らのために謀らない、というわけにはいかなかったであろう。これはウ・タントと単純比較できない。地位を守らなければ殺されることもあり得たからである。ただしかし、いくら将軍家という権威があっても、「オレのために働け」というだけでは、なかなか人は動かない。

第二の、正直であったかどうか、つまり性格的に信頼されたかどうか、という点は疑問である。もちろんこれも、ただの正直者で戦国の世を生き残れたか、ということに繋《つな》がるが、しかし、義昭は戦えばすぐに負けるし、将軍になっても忠臣が増えた形跡はない。それどころか、有能な部下は次々に信長の家臣になってしまったことを思えば、性格もまた、高く評価はできない。

義昭配下の不正行為

第三の、厳正中立、公平であったかどうか。

まず中世・戦国時代に、公平性や平等性が必要かどうか。

結論から言えば、必要である。

思い出してほしい。

源頼朝や足利尊氏は、なぜ天下を取れたのか。それは公平に部下を評価し、身びいきをあまりしなかったゆえの信頼感が、彼らのもとに集まった武士団の団結につながった、という面は小さくない。

中世の訴訟は、全国を網羅《もうら》する法制度はなかったから、自分に有利な判決が出る場所に行って訴訟を行っていた。だから、公平性とは程遠いものであった。だが双方が納得するものでなければ、訴訟の意味がない。判決結果が不服だと言って戦争するのでは、何のための訴訟か、ということになる。

将軍家は権威があり、判決にそれなりの重みがあったからこそ、公平性がある程度確保されねばならない（室町幕府では、「本奉行」や「証人奉行」など、訴訟に公平性を期するための職制が置かれていた）。

義昭が公平な人物であったかどうか、判断は難しい。

当時の状況、その地位の不安定さなど考慮すれば、公平性を問うことは意味がないように思える。しかし、どうも身びいきはあったようである。

義昭の家臣たちによる違法行為が横行し、問題が表面化している。勝手に寺社領を横領したり、職権濫用や、恐喝まがいの出来事まであり、あまりほめられたものではなかった。彼らの経済状態が悪かったこともあるようだが（藤木久志編『織田政権の研究』収録、染谷論文）、他の者から見れば、「将軍の威を借りて、無理を通している」と見られても仕方がない。しかも、現在私たちが目にできる義昭配下の不正行為はおそらく一部で、実際には書類が残っていなかったり、表面化しなかった件も多数あったであろう。

これでは、公平性は保てない。

どうも義昭は、仲介者として、戦国時代の「国連事務総長」としての適性は、欠ける部分があると言えそうである。

補完関係の義昭と信長

さて。将軍職に就いてから、義昭はなぜ信長に反抗するようになったのか。

当初、信長側から義昭に対して、どのような政治指導があったか明らかではないが、義昭は将軍就任後、大名間の和平呼びかけや、皇室領の税に未納がないように命じたりするなど、将軍としての動きを見せる。この段階では、信長にとって許容範囲であった。

義昭は信長に対して最初から反抗的であったわけではなく、たとえば元亀元年（一五七〇）九月、本願寺顕如《けんにょ》は反・信長の兵を挙げるが、この時義昭は、顕如に対して義絶を行っている。

信長の側も、義昭を利用することによって逆に義昭を弾圧できない、というジレンマはあった。

たとえば、義昭の「上意」を利用して、朝倉義景との和睦を成立させる。あるいは、信長が義昭に強い影響力を持っていることを他の大名（毛利氏など）は理解していて、信長に、義昭への口添えを頼んできたりした。

信長と義昭は、補完関係にあったのである。

この時点より先の話になるが、本能寺の変の黒幕が足利義昭で、明智光秀は事前に義昭の了解を得ていた、もしくは、義昭からの働きかけで光秀が変を起こした、という説がある（藤田達生『本能寺の変の群像』ほか）。

主君である信長を謀反《むほん》によって殺した光秀には、政権の正当性が必要であった。そもそも主殺しを決断する前提として、足利義昭のお墨付きが重要ではなかったか、というわけである。

「足利将軍をないがしろにした信長を討つ」

という大義名分。

信長が義昭を奉じた時と同じ論法である。

すでに信長によって成功している手であり、他の大名たちを納得させて政権安定を目指すためにも、明智光秀にとって義昭は理想的な存在であった。

足利義昭黒幕説が出ること自体、義昭の存在の有益性が証明されていると言えよう。つまり、義昭は誰かに支えられなければ意味のない、有名無実の、吹けば飛ぶような存在ではなかったということである。

ではなぜ、有益な存在でもあった義昭と、彼を支えて利用していた信長は対立するのか。

それは、義昭が信長の支配する範疇《はんちゅう》を超えて行動したからである。

現在確認されている義昭の出した手紙には、武田信玄や上杉謙信をはじめ、信長に明らかに敵対、もしくは近い将来、間違いなく信長と激突するであろう大名が多く含まれていた。

並はずれたプライド

当初、義昭は信長に反発して彼ら反・信長勢力と通信した、というわけではなかった。そもそも信長と関係が良好である段階で、義昭が反抗する理由がない。ではなぜ、義昭は全国の諸大名と手紙のやりとりをしているのか。

第一に、将軍となった以上、天下の諸大名に対して自分の存在をアピールする必要があった。

第二に、信長にだけ依存した政権では、信長が滅びた時に義昭政権も滅びる、という危惧《きぐ》があった。

第三に、これは指摘されることが少ないが、義昭の政治には信長のような革新性はないものの、しかし個人としては自立心が旺盛であった。

信長一人に依存するということは、自分の自立を妨げることであり、信長依存を少なくして自立性を確保するには、将軍として多くの諸大名から担ぎ上げられる姿が理想であった。だからこそより多くの大名と接触して、自分の利用価値を高め、自立して動けるようにしたかった。

この第三の理由は強調しておきたい。

義昭のプライドや自立心、自負心を無視して、信長との対立を論じるのは無理がある。

政治闘争は、第一線を退《しりぞ》くことで離脱できる。

どうしようもなくなって引退する政治家は、鳩山由紀夫など例外ではなく現代でも見ることができる。

それでも現役にこだわり続ける政治家には、並はずれたプライドや自立心、良くも悪くも「負けじ魂」のようなものがある。晩年の田中角栄、政権末期の吉田茂などしかりである。

のちに信長に京を追放され、毛利の庇護下に入ってなお義昭は幕府機能を停止することなく、御内書などを発給し続けた。「われこそが天下を掌握《しょうあく》せん」という自負心の現れである。

テレビや小説に出てくる、わがままで自己中心的、奇妙な公家の容姿で陰湿に陰謀を練る姿は、義昭の実像を示していない。

そろそろ、「織田史観」とも言うべき信長絶対史観から、少し距離をおいて見るのも面白いかもしれない。

屈辱の「五箇条の条書」

信長にとって、義昭の自立心はやっかいだった。

特に義昭が反・信長勢力と通信していることは、「敵と通じる」という意味になる。放置しておくわけにはいかなかった。

そこで永禄十三年（一五七〇）一月に出されたのが、有名な「五箇条の条書」である。

現代風に言い直すと、以下のようになる。

第一。諸大名に手紙を出す時は、信長の許可が必要である。そして、信長の副《そえ》状《じょう》も添付せよ（信長も、手紙を書いて添える）。

第二。これまで義昭が出していたさまざまな命令（奉行人奉書）は、全部いったん破棄して、改めて検討し直せ。

第三。義昭が恩賞を与える時は、信長の領土から与えてもよい（義昭には与える土地などないであろう、というニュアンスがある）。

第四。信長は今後、義昭の許可などとらずに政治を行う。

第五。朝廷とは油断なく交際せよ。

義昭は、袖判《そではん》を押してこれを承知した。

もしこれが実行されていたとすればたしかに、信長による将軍義昭の有名無実化であり、義昭を一気に反・信長へ舵を切らせるきっかけになったであろう。

が、多くの識者が指摘しているとおり、どうやらこれは信長の単なる恫喝《どうかつ》で、実際には実行されていないようである。

義昭は「条書」が出された永禄十三年正月以降も、平気で信長の副状なしに、各地の大名に御内書を出しまくっている。

また第二の「命令の破棄」も、行われた形跡がない。

つまり判を押したのは、承知した「かたち」をとっただけで、実際には履行《りこう》していないのである。

ここでも義昭の、「やれるものなら、やってみろ！」というしたたかさとプライドの高さが見える。

「五箇条の条書」を出した永禄十三年（元亀元年）は、信長にとっても実にやっかいな年であった。

朝倉義景攻撃を開始した信長に対して、それまで信長と同盟関係にあった浅井長政が朝倉側に寝返る。加えて、延暦寺《えんりやくじ》や本願寺、六角氏や三好三人衆など、反・信長勢力が一斉に動き出したのである。

結論的に言えば、まだ信長と絶対的な対立関係になかった義昭が仲介者となって和平が進められ、信長は窮地を脱することができた。

もちろん義昭だけの力ではなく、信長自身の政治力や軍事力によるところは大きいが、では、義昭の存在がなかったらどうなっていたか。少なくとも朝倉との関係改善は進んでいなかったのではなかろうか。

義昭は流浪の中で最後は朝倉家の食客《しょっかく》になっており、朝倉との関係性は強い。それゆえに、信長と朝倉との仲介者には最適任であった。そしてそれを、信長は利用した。

義昭に、「余計なことはするな」と言っておきながら、利用すべきところは利用する。一方で屈辱の条書を受け取りながら、「今はまだ信長に歯向かう時ではない」と考え、朝倉との仲介に立った義昭。両者対決の時はしかし、目前に迫っていた。

反・信長の中心軸は義昭

これからのち、義昭は信長との距離を徐々に開きながら、独自外交を展開していく。というより、表面上はともかく、実質的に反・信長で動き始めるのである。

元亀三年（一五七二）九月。

信長は、一七箇条からなる意見書を義昭に出した。

「五箇条の条書」が出されて三年弱。

二人の関係は悪化の一途をたどっており、それを裏書きするような意見書であった。主な内容は、以下のとおり。

「(信長に)内密で金を貯めるとはどういうことか。義昭の出す手紙には信長が副状をつけるといったのに、まったくやっていないではないか。信長と義昭の仲が悪いと噂されている時に財産を移動するとは何事か」等々。

この段階になると、信長は義昭の利用価値より損害のほうが大きいと判断したようである。

かなり強い調子の意見書で、将軍に対して一大名が提出する意見書ではない。「言うことをなぜきかないんだ、お前が考えていることくらいお見通しだぞ」という、「無礼」な意見書である。がしかし、それが当たり前な関係になっていたところに、この二人の予定された破綻があった。

元亀三年十月。武田信玄はついに西上の軍勢を挙げた。

前年から義昭の誘いもあったようで、信玄も義昭に対し、忠誠を尽くす旨の誓紙を出したらしい。

五月には義昭から信玄に、「軍事行動を起こして、天下平定に努力せよ」、つまり信長をやっつけてくれ、という御内書を送っている。

信玄は義昭からの働きかけと、当時信長に攻め込まれていた本願寺や比叡山延暦寺などからの救援要請、それに信玄自身の領土拡大のタイミングが一致し、行動に出た。

信玄は、反・信長勢力のシンボル的存在となった。

この反・信長包囲網を、空から眺めてみるとこんな具合である。

まず、尾張・美濃・三河・遠江《とおとうみ》・伊勢・近江を中心に、信長の勢力圏がある。だいたい、現在の岐阜を中心に、日本列島の真ん中あたりを領している。

これを囲むように、北越の上杉、北陸の朝倉、北近江の浅井、近江の六角、京坂・阿波で三好、大和の松永、中国の毛利、甲斐・信濃・上野・駿河・遠江の武田。さらに加えて伊勢長島の一向宗や本願寺といった寺社勢力。これらが信長殲滅《せんめつ》で一致したのである。

反・信長包囲戦は武田信玄を中心に描かれることが多いが、その中心軸にいたのは間違いなく足利義昭であり、義昭なくして包囲網は完成しなかったであろう。

「今日の盟友は明日の強敵」になった時代である。たとえ共通の敵がいても、すんなり同盟が成立するかと言えば、それは難しい。互いに互いを牽制していたためである。

その点、義昭が征夷大将軍として各大名に呼びかけ、それに応じることは、呼びかけられる大名側にとっても好都合であった。

信長と対抗するには、集団安全保障しかない。

だが、交渉がない遠国の大名や仲のよくない大名と連携するには大義名分が必要で、足利義昭の存在はうってつけであった。

義昭にとって、この「反・信長同盟」は待ち望んだものであったろうが、それにしても勇気のいることである。

義昭は、敵に対して容赦ない信長のやり方を、間近で見ている。

もし自分が信長に敵対した場合どんな事態になるか、容易に想像がついたはずである。それにもかかわらず、積極的に反・信長包囲網を呼びかけ謀議をこらした点から見ても、義昭は並大抵の肝の持ち主ではなかったことがわかる。

義昭は、信長殲滅の可能性を大いに高め、その時を待った。

反・信長包囲網の「墓穴」

反・信長包囲網は、あと一歩で成功するかに見えた。

武田信玄挙兵の報を受けて、浅井・朝倉は近江北方で信長を動けなくし、信長の盟友・徳川家康を孤立させる策に出た。家康単独で武田信玄と激突させようとしたのである、また、石山本願寺の命を受け、伊勢の一向宗残党が美濃に侵入。そして予定どおり、東側では武田軍が徳川を圧倒する。

あと一歩で、信長を殲滅できる。

が、大きな落とし穴があった。いや、墓穴を掘ったと言うべきか。

なんと、朝倉義景が近江北方から兵を引いたのである。信長は行動の自由を得、これによって、反・信長包囲網は機能しなくなった。

朝倉義景はなぜ、兵を引いたのか？

近江北方に陣取っていた信長が、岐阜方面救援のため軍を美濃に向かわせたのだが、これを知って義景は「とりあえず危機が去った」ということで、撤退したのである。実に身勝手で、戦略無視の行動であった。

反・信長包囲網最大の欠点、「寄せ集め」が露呈したといってよいであろう。

朝倉義景側に立ってみれば、「朝倉家の国益の確保」という使命がある。

国益が確保できた、国の安全が図れた、と判断すれば、判断が正しいかどうかは別にして、撤退する自由はある。

それは朝倉義景に限ったことではなく、反・信長包囲網を形づくっていたどの大名にも言えることであった。

あるいは義景は、ここで信長が没し信玄の快進撃が続けば、信長滅亡後の政局で武田信玄が優位に立つと考えたのかもしれない。

いずれにしても朝倉は撤退。

さらに。

三方原《みかたがはら》で徳川軍を完膚《かんぷ》なきまでに叩いた武田軍は信玄発病のため、軍を撤退させてしまった（信玄は撤退中に死去）。

現代のように通信手段が発達していない中で、各々の大名が現状を報告し合いながら戦えるわけではないから、そもそも広大な戦線を維持することは、現実問題として難しかったのかもしれない。

他方この反・信長包囲網は、信長に対してかなりのプレッシャーとなり、精力をその対応に使わされている。

信長の反対勢力を一時的にせよ結集させ、ほぼ同時期に信長に対して挑ませた政治工作は、足利義昭が「プライドが高いだけの無能な将軍」ではなかった証拠になるのではなかろうか。

室町幕府の終焉

元亀四年（一五七三）二月、義昭は京の二条城で挙兵した。翌月には、義昭の不《ふ》倶戴天《ぐたいてん》の敵であった三好義継や松永久秀と同盟を結ぶ。が、四月に二条城は攻略されて、義昭は信長に無条件降伏した。

しかし、五月には武田信玄（この時点で実は死去していた）、朝倉義景、本願寺顕如らに、味方になるよう御内書を与え、毛利輝元からは兵糧米を徴収した。

そして七月、山城・槇島《まきしま》城で、再び義昭は蜂起《ほうき》した。

信長はただちに槇島城を攻撃し、すぐに落城させた。義昭は降伏し、河内を経て毛利氏の庇護下に入る。

元亀四年七月二十八日、信長の願いによって、年号が「天正」に変わった。

この時をもって、室町幕府終焉《しゅうえん》、ととらえる書も多い。

いずれにしても義昭は五年間、名目上か否かは別にして、征夷大将軍として存在した。

群雄が割拠《かっきょ》し、織田信長という現代にも語り継がれる武将を相手にここまでやったのは、見事だったと筆者は考える。なぜならば、足利義昭には自前の軍も、経済力も、また二十九歳まで僧であったため、諸大名との政治交流もそれまでほとんどなく、政治体験もなかったからである。

六歳から僧籍にあった人物が二十九歳で突如命を狙われ、流浪しながら権力獲得を目指すのは、普通の意志力ではできない。

筆者は義昭の権力獲得への意志の強さと、もう一つ、信長を向こうに回しながら全国の大名と外交を展開した力について、半ば呆れながらもしかし、感心してしまうのである。

王になるはずではなかったシアヌーク

政治家の足跡を年表で追うのは時に退屈な作業だが、たまに「なんじゃこりゃ？」と思う人物に出くわすことがある。その一人が、ノロドム・シアヌークである。足利義昭の、権力への執念の謎解きをするため、義昭と共通項の多いこの人物の生き方を見ていきたい。

ノロドム・シアヌーク。

「シアヌーク殿下」


のほうが、わかりやすいかもしれない。この名を聞いてピンとくるのは、おそらく五十代以上の方ではなかろうか。

カンボジアの王様、であった。

あれ？　カンボジアって、王制だっけ？

そう、カンボジアは現在、まぎれもない立憲君主制の国家である。九世紀にはクメール王朝が始まり、その後フランスの植民地になっても王制は残って実質的には一九七〇年まで続き、悪名高きポル・ポトの共産主義政権を経て、一九九三年にふたたび王様の国、立憲君主制国家になった。ちなみにシアヌークは一九四一年に王様になったのを皮切りに、国家元首、首相、大統領など、さまざまな肩書を歴任している。

ノロドム・シアヌークは、記者会見では満面の笑みを浮かべて、質問を次々にさばく。気性は激しく、活動は精力的。王室で生まれたせいか、包容力と気まぐれが同居していたが、国民からは総じて愛された。

平和な国の王ならばおそらく平穏に暮らしたであろうこの人物を、むき出しの権力獲得闘争に向かわせたのは、カンボジアという国がたどった過酷な運命のせいであったかもしれない。

シアヌークは元々、王になる予定ではなかった。本人の述懐によれば、駐カンボジアのドクー提督（宗主国であるフランスから派遣されていた、実質的なカンボジアの支配者）夫妻に気に入られたからだという（ノロドム・シアヌーク／ジャン・ラクチュール『北京からみたインドシナ』）。

フランス植民地であったカンボジアでは、フランスの気に入る人物が王になった。要は、フランスの考える範疇で行動し、フランスにとって利用価値のある王様でなければならないのだ。

しかしシアヌークは、フランスが考えるほど傀儡《かいらい》に適した順応な人物ではなかった。

その能力に比例したプライドと、烈々たる独立心を持っていたのである。

中国を利用し中国に利用され

驚くべき足跡をたどってみたい。

シアヌークは一九四一年、王に即位する。十九歳の若さであった。やがて戦争になって、日本がカンボジアを統治していた一九四五年に独立宣言を行うが、すぐに終戦に。日本に追い出されていたフランスは、再び宗主国になるためカンボジアに舞い戻ってきた。

外交・軍事・警察権は、フランスが握ったのである。

シアヌークは国内で、フランスの統治や王制にも反対する勢力と戦いながら、一九五三年に独裁体制を敷くことに成功。

同時に、フランスやアメリカを行脚《あんぎゃ》して、「カンボジアを共産主義の脅威にさらしているのはフランスだ」と説きまくり、フランスからの完全独立を目論んだ。

ついにフランスから独立を果たすと、「王制社会主義」なる不思議な政治を標榜《ひょうぼう》して、祖国の再建を行う。

ところが。

ここからはより複雑になるので、簡略化して書く。

シアヌークは政敵から暗殺されかけ、しかし選挙で圧勝し、権力基盤を強化する。

ちなみに王様なのに「殿下」と呼ばれるのは、彼が一九五三年に王位を父親に譲り、自身は大統領として政治の実権を握ったためで、その後、王に復帰するまで

「殿下」と呼ばれることになる。

外交面でも、揺れ動きが激しかった。

当初は米国からの支援を受けていたが、その後中立の立場を鮮明にし、やがて反米的になっていく。

タイや南ベトナムといった、かつてカンボジアに侵略してきた国々と米国が接近したため、シアヌークは米国に反発していくのである。

そして、カンボジア国内では共産主義を認めない姿勢をとりながら、米国への対抗上共産中国に接近し、彼はその後、中国を時に利用し、時に利用されながらつき合っていくことになる（なお、シアヌークが死去した場所は、中国の北京である。中国との親密ぶりが窺《うかが》える）。

一九六五年、米国はカンボジアと国交断絶し、シアヌークはいっそう中国への依存度を高めていく。

足利義昭とノロドム・シアヌークの共通点

実は、シアヌークの政治遍歴《へんれき》はここから本格的になってくるが、これ以上は本書の目的ではないので、要点だけ記したい。

カンボジアはその後、ポル・ポトのクメール・ルージュ（カンボジア共産党）が支配し、国内で一〇〇万人以上が虐殺される。この間、共産中国に近かったシアヌークは、命だけは助けられたが軟禁状態に（近親者や側近の多くが殺された）。

で、今度はベトナムがカンボジアに侵攻し、シアヌークは中国に逃げる。中国に逃げた後、なんと、カンボジア共産党のポル・ポトらと一緒に亡命政権をつくり、大統領に就任する。

まるで足利義昭が、兄・義輝を暗殺した松永久秀に対し、信長と敵対するという理由で手を組んだ状態によく似ている。

一九八九年、ベトナムがカンボジアから撤退し、九三年、シアヌークはついに王に復帰した。

シアヌークは、常に「独立」「自立」を念頭に置いていた印象が強い。

植民地からの独立、米国などからの自立。

他方、国内政治的に見ると、常に自分が頂点であることを目指していた。

王、首相、国家元首、大統領……。

どんな政治体制になっても、常にトップに立つ。そこには、「自分こそがカンボジアを救えるのだ」という強烈な自負心が見てとれる。

人によっては、シアヌークは権力亡者だ、という批判もある。当然そういう見方は成立するが、しかし義昭同様、命を狙われながら現役を続けることは容易ではない。

命を奪われる、という恐怖を乗り越えて権力獲得に進ませる源は、「自分こそが国を救える」という自負心であろう。

足利義昭とノロドム・シアヌークの共通点は、四つ。

第一に、両者とも、当初は将軍（王）になるはずではなかった。

第二に、義昭もシアヌークも、「正統な後継者」という主張を生涯貫いた。

第三に、亡命生活をしても、政権を奪われても、決してめげなかった。

第四に、巨大な力を利用し、また利用された（義昭は信長、シアヌークは中国）。

特に強調したいのは、やはり第三の強い精神力である。

義昭の場合、特に卓越した能力があったわけでもないのに、あそこまでやり抜けたというのは、繰り返しになるが、意志の力としか言いようがない。同様に、シアヌークがどんな逆境にあっても権力奪取を諦めなかったのも、やはり意志力である。政治家にとって、いかに意志の力が重要か、二人の人物は教えてくれる。

シアヌークにあって義昭になかったもの

最後に、本能寺の変と義昭について、述べておきたい。

本能寺の変を聞いて、義昭は生涯一番の喜びを感じたであろう。もちろん恨み重なる信長が死に、自分が再び表舞台に立ち、征夷大将軍として復帰できると思ったからである。

だが、予想外の速さで羽柴秀吉が信長の仇を討ったことと、食客として滞在していた毛利に上洛する気がなかったため、希望は潰《つい》えた。

本能寺の変の黒幕が義昭であった、という説は実に説得力があるが、ここでその詳細には触れない。ただし、本能寺の変後、明智光秀が生き残って政権をつくった場合、義昭にとってどんな政治体制になったか、ということについて、触れたい。

光秀の政権構想は明らかではない。

政権構想があったとして、勧誘された大名たちにしてみれば、敗死した反逆者からの手紙など、処分してしまったであろう。

そこで、以下の前提で、仮説を述べたい。

光秀には、具体的な政権構想はなかった。

ただし、足利義昭を奉じる、という大原則は持っていた。

光秀はまず、京に足利義昭を迎える準備をする。迎えるにあたって、義昭が滞在している毛利を誘う。北越の上杉、関東の北条、織田軍からの攻撃を受ける寸前だった四国の長宗我部《ちようそかべ》などに、味方になるよう呼びかける（上杉景勝に関しては、どうも事前に光秀から連絡があったようである）。

光秀を中心に上杉や、足利義昭を庇護していた毛利が協力して政権構想が進む。そして光秀が中心の、有力大名による合議体制が整備される。

光秀は信長ほどの破壊性は持っていないので、おそらく義昭に相当程度の権限を持たせ、同時に信長が断った副将軍の地位についたかもしれない。

一方義昭は、独特の政治手法で有力大名たちを互いに牽制させながら、自らの地位を保っていく。

義昭にとって、有力大名の合議制により運営される政権ほどありがたいものはない。彼らを利用し利用されながら、足利将軍体制を築き上げたであろう。

しかし、義昭の破綻も、予想できる。

徳川幕府のように政治体制が整ってしまえば、どんな人物が将軍になってもたいがい運営できる。しかし、譜代大名によって政治の中枢を独占した徳川幕府と違い、義昭の足利幕府は有力大名に支えられた不安定な政権である。

そんな状況であまり人徳のない将軍が、はたして長期政権を維持できるであろうか。

軍事力も経済力もなく丸裸の状態から天下を握った源頼朝や、武士たちの不満を引き受けて政権奪取した足利尊氏のような、人を惹きつけ、公平性を持った人物でなければ、再び戦乱の世を招いたであろう。

義昭はおそらく、また流浪を続けることになったと思われる。

シアヌークが最後には立憲君主国の王に返り咲いたのは、国民の支持があったからである。言い換えるなら、国内にシアヌーク支持派がしっかりいたからであり、それは、シアヌークの一種の人徳でもあった。

義昭にそれがあったかどうか。今、確かめるすべはない。

第3章

織田家臣団の有能ゆえの危険な未来

黒砂糖とブルドーザー

田中角栄の側近に、二階堂進という人物がいた。

ちょっと甲高いダミ声。

葉巻をくわえて、無礼な質問をする記者を睨《にら》みつける。

その迫力ある容貌《ようぼう》からか、古いタイプの、権力奪取と地元のことにしか興味のない政治家に見える。が、そうではない一面を持っていた。

二階堂は英語に堪能であった。

昭和十六年（一九四一）に南カリフォルニア大学大学院を卒業。滞米中には「日米関係を改善する国際会議」に日本側代表で出席したり、昭和十七年、つまり戦争の真っ最中に「対米戦争の早期終結」を訴えて選挙を戦ったり（選挙妨害もあって落選）。戦後は地元鹿児島の鹿屋《かのや》市で、米占領軍相手に交渉の矢面《やおもて》に立った。

その後、衆議院議員になるのだが、米国留学と戦争時の体験などが基礎になって、バランスのいい国際感覚を持った政治家としても、一目置かれていた。

だが、二階堂のそういう面がこんにちなお、あまり表に出ない理由は何か。それはやはり、二階堂が田中角栄率いる田中派の、事実上のナンバー2だったことが影響していると言えよう。権力闘争の渦中《かちゅう》の人、というイメージが強いのだ。

二階堂は、元々は佐藤栄作の佐藤派に属し、佐藤に可愛がられていた。が、頑固一徹の二階堂は、佐藤と時々衝突することがあった。

佐藤が総理の時代。話をしにきた二階堂に佐藤は、「時間がないから、移動しながら聞こう。車に乗れ」と言って、二階堂を総理専用車に乗せた。車に乗ったのはいいが、二階堂はある問題で、「佐藤総理、あなたは間違っている！」と言い出した。すると佐藤は激怒して、「ナニっ、貴様ッ、降りろ！」と、二階堂を渋谷の街角で降ろしてしまった。

これに類した話がいくつかあるが、それでも二階堂は佐藤から重用されて、第一次・第二次佐藤内閣で、北海道開発庁長官兼科学技術庁長官に就任している。佐藤のあとは田中角栄のもとに参じて、「趣味は」と聞かれ、「田中角栄」と答えた話は有名である。

佐藤栄作のあだ名の中に「黒砂糖」というのがある。顔色が濃かったことと、アクが強いためにつけられた。また田中は、「百年に一人」と言われるほど異能の持ち主で、「コンピューター付きブルドーザー」と、その公共事業政策を揶揄《やゆ》されながら、総理退陣のあとも巨大派閥の力を背景に、政界を牛耳った。強烈な個性を持つ二人のリーダー。

彼らに仕えた二階堂進は、組織のナンバー2の、一つの典型と言える。徹底的に当主に仕える。頑固で融通がきかないところもあるが、忠誠心は絶対で、その点では当主も信頼している。戦国時代にも、二階堂と境遇の似た人物がいた。

秀吉よりも進んでいた柴田勝家

戦国時代に、もっとも濃いキャラクターの持ち主といった場合、まず、織田信長の名が外れることはなかろう。

この強烈な人物に早くから仕えた中に、柴田勝家がいる。

豊臣秀吉も早い時期に信長のもとで働いているが、勝家は信長の重臣としてずっと活躍しており、足軽だった秀吉と単純比較はできない。

柴田勝家は元々、信長の弟である織田信行に仕えていたが、信長に反抗して戦ったものの、信長の圧倒的な強さを思い知らされて信行陣営から離脱。以後、信長が死ぬまで、忠実な部下であり続けた（ただし、信長の美濃攻略あたりまでは、柴田勝家の名が出てこない。信行に与《くみ》した過去が響いて、しばらく起用されずにいたのかもしれない）。

勝家というと、必ずといってもいいほど出てくるのが、

「甕《かめ》割り柴田」

の話である。

元亀元年（一五七〇）、勝家は六角《ろっかく》氏と戦って近江長光寺に籠城《ろうじょう》。城では水を遠くから引いていたのだが、敵はこの水の手を切ってきた。水がなければ、戦うどころではない。絶体絶命の危機に、勝家は残りの水（二石入りの水甕三つ）を城兵に飲ませ、余った水ごと、長刀の石突きで甕を割ってしまった。

もう、飲める水は一滴もない。

翌朝打って出た柴田軍は、勝利を手にした。甕を割って城兵の覚悟を決めさせ、全員を死にものぐるいで戦わせた、という話である。

しかし残念ながら、この話は「伝説」であって、事実ではない。

こういう話が一人歩きして、「柴田勝家像」が面白おかしくでき上がる。

荒武者で、戦争には強いが豊臣秀吉や明智光秀のような知恵者ではなく、いわゆ

る「槍働き」で織田家ナンバー2までのし上がった人物……。

しかし、まったくとは言わないが、彼の実像とは違う。

勝家は、光秀や秀吉ばかりが活躍したと思われている京都奉行にも任命されているし、一向一揆《いっこういっき》の内部分裂を誘発させるため、本願寺支配から一部の門徒を離脱させる工作も成功させている。

領国では新田開発や検地、道路整備など内政の充実も図っている。

また、一揆を起こした農民たちに対して、武器を出せばそれを鋳直して農機具を与えると言い、実行したという（『名将言行録』）。この件に関しては、「秀吉による刀狩りの先駆」とまで評価されている（『國史大辞典』）。

江戸期の大名的な表現を使えば、一種の「名君」である。

少しイメージが変わってきたであろうか。

勝家よりものちの世代になるが、加藤清正や福島正則も、武功だけの大名に見られがちである。しかし、領国経営をきちんと行っていることは、すでに明らかであり、領民たちから慕われたという事実もある。

小説や時代劇に出すには、「暴れん坊と知恵者」のような対照が面白いから、「知恵者の秀吉、対、武辺者《ぶへんもの》の勝家」という極端なイメージで描くが、政治家の印象ほのである。

だいいちあの信長が、槍働きできる、というだけの人物を、重用するわけがないど当てにならないものはない。

甕を「割りそうな」柴田勝家

柴田勝家が、かなりの人物であったことの、もっとわかりやすい証拠がある。

勝家は信長最晩年に、北陸方面軍の総指揮官に任命されている。

率いる軍勢は、時期や来援の武将によって異なるが、一万から数万という単位の軍を統率したのである。

戦国時代、特に信長の配下では、無能な人間は譜代でも親族でも、決して大軍を任されることはなかった。数万単位の方面軍を任されたのは、信長の末期近くで言えば、柴田勝家、丹羽長秀、羽柴（豊臣）秀吉、明智光秀、滝川一益《いちます》だが、このうち譜代と言えるのは柴田・丹羽の二人だけで、羽柴、明智、滝川はいずれも、信長の代になってから雇われた身である。

ということは、勝家が実力で取り立てられたことがわかる。

「数万を統率」と、言葉にするのは簡単だが、四〇人に満たない子どもの学級ですらまとめるのは難しい。子ども相手は比較にならないというならば、大人の組織でもよい。部下を持ったことのある人ならば、たとえ一〇人でも指揮することが難しかった経験を持つ方は多かろう。

ましてや、万単位の軍勢を動かすのは、並大抵のことではない。

そこで、「甕割り柴田」の話に戻る。

これは『武家事紀』の創作と言われているが、何の根拠もなくつくられたわけではない。

たとえば同時代に実際に信長と会い、関係を築いていたイエズス会のルイス・フロイスは、

「(信長の)武将のうち、最良の槍手だった柴田」(ルイス・フロイス『日本史』第三十三章)

柴田勝家が、「最良の槍手」と、自ら槍を持って戦いの最前線に立つ荒武者のようなイメージを伝えている。

勝家のこの、一見ただの勇猛《ゆうもう》果敢《かかん》な戦士のような姿は、実際に敵陣に突入する兵たちにとって頼もしいものであったに違いない。勝家はそこのところを十分に意識

しながら、指揮を執《と》っていた。

だから、「甕割り柴田」はつくり話でも、家臣たちから見た勝家はまさに、「勇気を奮い立たせるために、甕を割りそうな人物」だったのである。

さて。

あの信長から信頼され、数万の軍勢を動かし、織田家の筆頭家老として手腕を振るった勝家が、なぜ信長の死後に秀吉と争い、敗れたのであろうか。

そこには、有能な直情径行型のナンバー2が陥る、大きな穴があった。

秀吉と毛利外交僧の「密接な関係」

天正十年（一五八二）六月二日。

本能寺で信長が殺された、という報は、北陸方面軍であった柴田勝家のもとにその五日後、届いた。

上杉景勝《かげかつ》と対峙し、越中・魚津城を攻めていた勝家はすぐに動くことができず、本拠地である北庄《きたのしょう》へ到着したのは六月十六日。京・山崎で秀吉と光秀が雌雄を決してから、すでに三日が経っていた。

北越で上杉攻撃中の勝家が遅かったというよりも、中国・毛利攻めをしていた秀吉が早すぎた、というべきかもしれない。

距離的には、秀吉のいた備中・高松城から京までと、勝家のいた越中から京までは、大きな違いはない。最も大きな違いは、秀吉が毛利と和睦《わぼく》して撤退したのに対し、勝家は和睦せず、戦っていた上杉への備えとして佐々《さっさ》成政や前田利家を配置しつつ上京しなければならなかったことである。

和睦し、相手の変心がなければ、あまり背中を気にする必要がない。

秀吉の中国大返し成功の要因は、まさにこの「和睦」にあった。

上杉も毛利も、実のところ織田勢に攻め込まれて負ける寸前であった。勝家が攻めていた魚津城は、越中における上杉最後の拠点であり、これを抜けば、上杉の根拠地・越後へなだれ込める。上杉内部から織田方に寝返る者も出ていて、勝家にしてみれば「あと一歩」というところであった。

ここからは、物的証拠がないのであくまで想像の範囲だが、秀吉、もしくは黒田官兵衛など、秀吉陣営から毛利の窓口とも言うべき安国寺恵瓊《えけい》らに対して、事前の交渉があったのではないか。

秀吉は中国の毛利担当として交渉と合戦を繰り返すが、毛利の外交僧であった恵瓊と特別な接点がなかったとは言い切れない。かつて恵瓊は、秀吉方に寝返った宇喜多直家の人質になったこともあるが、その後生還している。

本能寺の変までの間に秀吉と恵瓊の間でどんなやりとりがされたのか、想像する以外にはないが、秀吉はのちに、かつて敵対していた毛利家の、その外交僧にすぎない安国寺恵瓊を大名に取り立てている（伊予で最終的に六万石）。こういう状況証拠を見ても、接触は濃かったと推測される。

いずれにしても、備中・高松城攻めから一転和睦に成功し、しかも本能寺の変を知ってなお毛利軍が秀吉軍を後追いしなかった裏には、秀吉の毛利家、なかでも外交担当の安国寺恵瓊に対する政治工作が働いていたと容易に推測できるのである。

こういう周到な準備をする者が勝家の側近にいなかったことが、上杉攻めから早急に戻れなかった要因でもある。

しかし、圧倒的な力で壊滅も目の前に見えている相手に対し、裏工作をする必要はない。この点、秀吉ができすぎていると考えるべきで、勝家が劣っていたということはできない。

そして秀吉が明智光秀を討ったことによって、織田家の勢力地図は一気に塗り変えられてしまった。

「人たらし」になった理由

柴田勝家というナンバー2が力を失っていく過程を見ていきたい。

最初に、そのヒントになる二階堂進の足跡をたどりたい。

二階堂進が、田中派のナンバー2でありながら竹下登に負けた理由は、二階堂が田中角栄という大きなうしろ盾を失ったことによる。

若い読者のために、若干、田中派の興亡を振り返りたい。

田中角栄は自身の「金脈問題」、平たく言えば政治資金の問題で総理を辞め、その後、例の「ロッキード事件」が起きる。ロッキード社の旅客機を日本の航空会社が買うよう、田中が口利きをし、見返りとしてロッキード社から金銭を受け取ったのではないか、という疑獄事件である。

田中は自民党を離党するが、田中派は自民党内に存在し続け、ただ残ったばかりでなく、党内最大派閥として日本の政治を牛耳る。

自民党内で最大派閥になれば、自民党を支配できる。

自民党を支配できれば、国会を支配できる。

つまり、与党の中で最大でありさえすれば、国会は思うように動かせる。田中自身は党外にありながら田中派の数にものを言わせ、自民党総裁、つまりは内閣総理大臣を決定するのに大きな影響力を行使したのである。自身は表面に出ず、自分の派閥から総理総裁候補も出さない。他派の人間を担いで裏方に回り、実質支配をしようとしたため、「目白の闇将軍」などと揶揄された。

田中はロッキード事件の裁判で無罪を勝ち取り、もう一度政権の座に返り咲くことを夢見ていた。だから、総理・総裁は田中派以外から選んだのである。なぜなら、田中派から田中以外の総理・総裁を出せば、その人物が派内で力を持ち、田中を凌駕《りようが》する恐れがあったからである。

しかしやがて、派内の特に若手から、「もう、他の派閥の人間を担《かつ》ぐのはいやだ。田中派として総理総裁候補を出すべきだ」という声がわき上がった。

田中は懸命にこれを押さえつけるが、結局、竹下登が派中派ともいうべき「創政会」をつくり勢力を誇ったのに対し、派のナンバー2だった二階堂進らがこれに反発。だが、当の田中角栄が病に倒れたことによって、二階堂たちの力も、衰えた。

竹下は集金力、面倒見の良さが際立っていて、子分をつくって養うことが苦手だった二階堂は、勝負にならなかったのである。

秀吉の織田家における生き方は、竹下登とよく似ている。武家としての背景がなく、独自の家来も持たず、一兵卒から叩き上げた秀吉の出世術の一つは、織田家の中に、自分に好意を持つ人々をつくっていくことであった。

秀吉は「人たらし」と言われるが、それは槍働きがあまり得意でなかった秀吉の、政治力を高めるための手段であり、おそらく意識せずに身についたものであろう。しかしそれがやがて、絶大な力になっていくのである。

竹下もまた、二世でも官僚出身でもなく、東大閥にも属さない（早稲田卒）。こまごまと人の面倒を見、実力者たちの小間使いのようなことから始めて、やがて重用されるようになる。

ちなみに竹下登も二階堂進同様、佐藤栄作から可愛がられた一人で、佐藤内閣最後の官房長官となった。また、佐藤派の五奉行と言われる橋本登美三郎や保利茂、田中角栄らの会合に出て、その末席で話を聞き、彼らの使い走りのようなこともしたと思われる（竹下登『政治とは何か』）。

従う相手を間違えたら命を失う

柴田勝家は、面倒見の悪い男ではなかったが、秀吉のようなスケールの人脈形成はしてこなかった。大名や土豪はもちろん、文化人や商人たちにも及んだと見られる人脈である。秀吉に可能で勝家には難しかったその最大の理由は、資金である。備中・高松城を攻めていた秀吉が、これを水攻めにしたことは有名である。広大な土塁を高松城の周囲に巡らせて、川の流れを引き込み、城を水の中に孤立させる。

この工事にかかった費用は、現代の価値にしておよそ三〇〇億円超とも言われているが、一つの城を攻めるのにそれだけかかったのであるから、秀吉の軍事予算は一体どのくらいなのか、ということになる。

当時の記録ははっきりしないが、その原資は秀吉の領国経営によるものと、もう一つは城攻めという、今で言えば、巨大な公共事業で儲かる商人たちを利用したと考えられる。

高松城攻めよりも前に行われた鳥取城攻めの際、事前に近江商人らを使って因幡《いなば》の米を買い占めた。これによって籠城を困難にすることを狙ったのである。商人への見返りは当然あったであろうし、「秀吉についていると商売になる」ということで、彼を取り巻く分厚い人脈ができていく。

秀吉は堺奉行をしていた時期がある。

秀吉は自身が商人的発想のできる人だったから、堺の商人たちが何を望んでいるのかをよく承知していて、彼らに利益を与える見返りとして信長に忠誠を誓わせた。もちろん交易による利潤の、信長に対する上納も行わせた。

同時に商人たちは、早期の時点で「信長の後継者は秀吉」とは思わないが、しかし秀吉という男が「使える男」だと見込んだ可能性は高い。われわれの利益を守ってくれる、そういう感覚で秀吉を個人的に応援したのである（堺の商人・今井宗久は、本能寺の変の十年も前、朝倉攻めで、当時の木下藤吉郎に鉄砲と玉薬を送っている）。

ちなみに今井宗久は、本能寺の変の翌年、天正十一年に摂津で二三〇〇石の知行を秀吉から与えられている。堺の商人出身の小西行長は、秀吉政権下で大名となって高官に登り詰める。

また、本能寺の変を最初に秀吉に知らせたのは、堺の豪商・長谷川宗仁《そうにん》であった。

柴田勝家には、こうした話が少ない。内政にも能力があったことはすでに触れたが、当時の大名たちが持つ常識の範囲を超えるような金銭の使い方は、見えてこない。

勝家の周囲にいる者、たとえば前田利家や佐々成政らは、個人としては勝家に好意を持っていたようだが、いざ勝家が滅びる時には、勝家を裏切って秀吉側についている。

もちろん、彼らは信長から与力として勝家につくよう命じられたのだから、厳密に言えば勝家に殉じる義務はないが、それにしても、少しあっさりしすぎている気はするのである。が、自分の家を守るためには、勝家を見捨てることは仕方なかったのかもしれない。

田中角栄が病に倒れ事実上表舞台から去ったあと、田中派内で二階堂進ではなく竹下登に多くの議員が従ったのは、竹下がそれまでこまめに面倒を見てきたことと、何より、その資金力も含めて「この人についていったほうが得である」という判断がなかったとは言えまい。

ましてや戦国時代に、従う相手を間違えたら命も失いかねない。

柴田勝家が追放されなかったのはなぜか

さらに、柴田勝家のことを見ていきたい。

柴田勝家は、織田信長にとってどんな存在であったろうか。

最終的に方面軍を任せたことから見て、相当に信頼を寄せていたことは明らかである。当然勝家の武将としての能力を高く評価し、

「使える男」

と認識されていたはずだ。

傍証《ぼうしょう》になるが、勝家と同じ頃から信長に仕えていた織田家重臣に、佐久間信盛と林通勝《みちかつ》がいる。

この二人は天正十年（一五八二）に追放処分となり、ついに信長から赦《ゆる》されることはなかった。

林通勝はかつて、信長の弟・信行を織田家跡継ぎに担ぎ上げようとしたことがあり、そのことが追放理由の一つにされている。

しかし、それならば、勝家も同罪である。

勝家は信長の弟・信行の家臣で、林通勝とともに信長の廃嫡《はいちゃく》を画策した一人であった。

また、佐久間信盛は本願寺攻撃の不手際、林通勝は下田甲斐守の謀反《むほん》鎮圧失敗を追放理由に挙げられているが、柴田勝家も、天正五年（一五七七）の加賀一向一揆

鎮圧に失敗している。

なぜ佐久間信盛や林通勝は罰せられ、柴田勝家は罪を問われなかったのか。

この点は、明快である。

柴田勝家にはまだ十分利用価値があったからであり、佐久間、林には利用価値がなくなった。それだけである。

心に思っても口にしてはいけない言葉

信長の佐久間信盛への折檻状《せっかん》には、こんな記述もある（意訳）。
「お前には私（信長）の家中として厚遇を受けさせ、三河や尾張、近江・大和・河内・和泉・紀州など七カ国の与力を与え、これに自分の家来を加えれば、（普通は）こんな失敗（五年もかけて本願寺に完全勝利しなかったこと）するわけがない」（太田牛一『信長公記』巻十三）
信長の「言いがかり」的な部分はあるにしても、事実、佐久間信盛に対して信長は与力をつけたり、所領を増やしたりしてやっている。
信盛はどうやら、「まさかこのオレがクビになることはあるまい」と高をくっていたようにも思える。

同じ折檻状の中に、

「(所領を増やしてやったのに) 新しい家臣を雇うこともなく、その所領を金銀に換えるとは何事か。言語道断だ」

「お前は (金を) 貯め込むばかりで、家来を増やさず、また、家来に加増もしてやらないから面目を失うようなことになるのだ」

と、家来を増やさないことに対する不満を述べている。

どこまでも信長に尽くす他の武将たちと比較して、佐久間信盛のこの有り様はだめな管理職のような印象である。自分からどんどん新しい試みを行うこともなく、それゆえに信長が期待する以上の成果など、望むべくもなかったであろう。

それでも、もし佐久間や林が、どこまでも信長に忠誠を尽くす姿勢であったら、事態は違った。が、彼らが信長に忠誠心を強く持っていたかどうか、疑問を持たざるを得ない。少なくとも、信長が望むような「服従」姿勢ではなかった。

天正元年の朝倉攻めで、窮地に陥ったことを信長が叱責すると、佐久間信盛は、

「そうはいっても、われわれほどの家臣は、そうそういるものではない」

と信長に言ったのである。

「たしかにこの戦いは厳しいものだったが、われわれのような有能な家臣は、見つけようとしても見つからない。だから、一回や二回の失敗で、やかましく言いなさんな」

という意味のことを、他の家臣のいる前で信長に言い放ったのだ。佐久間信盛は意識していたかどうかわからないが、自分の存在を信長と同列に見ていたのではなかろうか。完全な上下関係の中で、たとえ心に思ったとしても、こういうことは常識で考えれば口にすべきではない。

柴田勝家がこうした言動を信長にとった事例は、ない。

絶対的な服従、絶対的な忠誠心を、勝家は信長に対して持っていた。

官房長官は蚊帳の外

能力もあり、いくさにも強く、忠誠心も高い。

勝家は信長に従い信長の命令を絶対として戦うことはできたが、他方「織田政権」の運営にあたって、大きな関与はあったであろうか。つまり、政権中枢部にあって政治を行っていたかどうか、ということである。

すでに触れたように、勝家は京都奉行なども歴任しており、決して武辺一辺倒の人物ではなかった。しかし、信長の近くにあって信長の政権運営に関して相談を受けたり、答申をしたりする関係ではなかった。

このあたりは、現代の例を引くとわかりやすい。

再び、二階堂進に登場願う。

二階堂は田中派ナンバー2である。だが、こんな場面があった。

第二次田中内閣で、当時大蔵大臣だった愛知揆一《きいち》が急死。後継の蔵相を決めるため、田中は大蔵事務次官と目白の田中邸で相談をしていた。

大臣候補の名前を、「誰それはどうか」、と言って紙に書いていていた田中。

そこへ、田中内閣の官房長官である二階堂がやってきた。

すると、田中は蔵相候補を書いていた紙をサッと隠し、

「(愛知揆一には)気の毒したなぁ、本当に。元気だったのになぁ」

と世間話のような会話をし、ついに二階堂が退出するまで、後継の大蔵大臣を誰にするのか、という話は一切出さなかった。

二階堂が田中に信用されていない、ということではない。田中は、「大臣を決めるのは二階堂とは関係ない、派閥の長がやるものだ」、という感覚を持っていた。

だがそうは言っても、官僚である事務次官とは相談しているのに、官房長官は蚊《か》帳《や》の外、というのは解せない。思うに、田中は二階堂の能力を、良くも悪くもその程度に見ていたということである。

「便利屋」

もちろんこれは、二階堂の能力が劣っていたという意味ではない。

田中角栄や織田信長のように、自身で物事を決定していく人物は、特に人事に関して他人に相談することは少なかった。田中が官僚トップである事務次官に相談したのは、大臣としての適性を参考意見として聞くためであり、事実、田中は独断で、福田赳夫を愛知揆一の後継大臣に決めた。

さてそうなると、二階堂の役割とは、田中にとって何であったのだろうか。

この点、竹下登がインタビューでこんなやりとりをしている。

インタビュアー「田中さんは二階堂さんをどういうふうに見ていたんでしょう」

竹下「便利屋と思っていた。忠僕であることは間違いないな」（竹下登『政治とは何か』）

「便利屋」、というのは、二階堂に対する竹下の蔑《さげす》みのニュアンスを感じるが、竹下と二階堂の対立の歴史を割り引いて考えても、この言葉はある程度二階堂の存在意義を言い当てている気がする。

田中にしてみれば、二階堂は何があっても自分を裏切らない絶対的な「忠僕」で、おまけに自分で勢力はつくらない。子分も養わない。こういう野心のない人間だからこそ、田中は竹下が言うように、二階堂を「便利に」使った。

ある時は、官房長官として。

ある時は、自分の派閥の長（代理）として。

清須会議を招集した意外な人物

信長が柴田勝家を見る目は、田中が二階堂を見る目に似ている。

絶対裏切らない忠僕。

自分を乗り越える野心もない。

しかし、数万の軍勢を率《ひき》いる能力はある。

中央の政治について相談する相手ではないが、方面軍は任せよう……。

もし信長が死ななければ、柴田勝家はそのまま織田家の重臣として遇されていったであろう。しかし信長は斃《たお》れ、勝家は背景を失った。

もちろんどの織田家重臣も信長の死で背景を失うが、しかし自分で人脈をつくり政治力を蓄えてきた者とそうでない者の差が、背景を失った瞬間に出る。

秀吉が、信長を追い越そうとしたことはなかった。本能寺の変を聞き呆然と泣き崩れたのは事実のようであるし、子のない秀吉は信長から養子をもらって羽柴家の跡取りにするつもりでもあった。

しかし出世していく段階で、彼は政治力を高めていったのである。そしてそれが本能寺の変後、明智光秀を討ち取って、秀吉を一気に権力者へ上り詰めさせる。

清須会議。

織田家の相続人を決める会議が、清洲で開かれた。

この会議を招集したのは秀吉ではなく、柴田勝家であったと言われている（『川角太閤記』）。

勝家は光秀討伐に参戦できなかったため、政治的に秀吉よりも劣勢に立った。勝家としては「織田家筆頭家老」という地位を保全するため、なんとしても「秀吉優位」の政治状況を変更しなければならなかった。

そこで勝家は自ら積極的に会議を招集し、勝家が烏帽子親《えぼしおや》になった信長の三男・信孝を「織田家後継者」に担いで、筆頭家老としての影響力を保持しようとしたのである。

明智光秀を討ち取った秀吉が、その功績を背景にして会議を招集したように思えるが、文献で確認できる範囲で言うと、会議招集者は柴田勝家ということになる。

三対一

勝家招集の会議ということは、秀吉にとって有利なわけがない。会議に出ないという選択肢もあったであろうが、しかし秀吉も当時、会議をボイコットできるほど勢力を誇っていたわけではない。

そして「後継・織田信孝」は、秀吉にとって痛いところを突いていた。

秀吉が率いた光秀追討軍の名目上の首領は、誰あろう、柴田勝家が織田家後継者に推す織田信孝その人であったからである。勝家もこの点で、信孝後継に自信を持っていたのではなかろうか。名目上とはいえ秀吉自ら大将に担いだ信孝を、秀吉は否定できまい、と。

ここで信孝が織田家の跡目に決まれば、秀吉は多少の論功行賞を受けるであろうが、織田家内での権力は、完全に信孝の後援者である柴田勝家に奪われる。

勝家にしてみれば、清須会議で織田家の跡目を織田信孝に決めることが、権力と地位保全のために必要なことであった。

会議参加者は、柴田勝家、丹羽長秀、羽柴秀吉、池田恒興《つねおき》の四名。

重臣の一人、滝川一益は会議に間に合っていない（一説に、関東での敗戦の責任から参加が見送られたとも言う）。

さらに、跡目争いをしていた信長の次男・信雄《のぶかつ》と三男・信孝は当事者ということで、彼らも会議に参加することはできなかった。

会議参加者四名のうち、丹羽・池田両名は秀吉に好意的である。

丹羽長秀は安土城築城の責任者で知られる。

加賀の一揆攻撃では、廻船《かいせん》を支配して一揆勢への物資補給を滞らせる、という作戦をとった知将でもあった。そしてなんといっても丹羽長秀といえば城作りだが、築城は、非常に細かな作業の積み上げである。それを指揮し得たということは、根気の良さと、緻密な能力を持っていたと考えられる（余談だが、戦国時代最高の理財知識を持っていたといわれる豊臣政権五奉行の一人・長束《なつか》正家は、元々丹羽長秀の家臣であった)。

この丹羽長秀が秀吉側についたことは、あるいは柴田勝家にとって意外であったかもしれない。しかし本能寺の変当初、四国に攻め込むため大坂にいた丹羽長秀と織田信孝は、中国毛利攻めから駆け上がってきた秀吉の軍に吸収されて戦った。池田恒興もまた、秀吉の陣に参加して山崎合戦を戦っている。彼らが行きがかり上も親・秀吉派になったのは、自然ななりゆきであった。

明智光秀の動きについて逐一報告を受けていた秀吉は、勝利を確信し、そうであればこそ戦後の政争を予想し、丹羽長秀が大きな役割を果たしてくれることを期待したであろう。

丹羽長秀は、その期待に応えた。

清須会議は、三対一で秀吉が圧倒的優位に立った。

「汗は自分でかきましょう。手柄は人にあげましょう」

清須会議の大きな目的は二つ。

まず、織田家の跡目を決めること。

二つ目は、所領の分配である。

会議では、柴田勝家が信長の三男・信孝を推したのに対し、秀吉はなんと、信長の長男である戦死した信忠の嫡男、つまり信長の嫡孫《ちゃくそん》・三法師を擁立した。筋論で言えば、秀吉のほうが正論になる。

これに丹羽長秀と池田恒興が同調。

織田家の跡目は信忠の長男である、わずか三歳の三法師（のちの織田秀信）に決まった。

二つ目の所領分配についても、秀吉優位に話が進んだ。

秀吉は播磨のほかに山城・丹波を獲得。

対して柴田勝家はその所領・越前に加えて、秀吉が大事に育ててきた近江・長浜を得た。

得た所領が多いか少ないか、ということ以外に、この分配にはもっと大きな課題が隠されていた。それは、清須会議「後」の布石である。

秀吉は会議で秀吉を支持してくれた丹羽長秀に、旧領若狭のほか近江高島郡・志賀郡という要衝《ようしょう》を与え、池田恒興には旧領摂津に加え、池田、有馬などを得させることに成功した。

もちろん、秀吉とともに戦った他の織田家家臣たちにも、彼らが満足するよう配分を心がけた。秀吉は、勝ったからといってがめつく自らが取るのではなく、気前よく与えたのである。

「汗は自分でかきましょう。手柄は人にあげましょう」

竹下登の言葉と言われている。「目配り・気配り・金配り」というのは、古今東西を問わず、人の心をつかむ原理なのかもしれない。

勝家は長浜獲得以外、完敗の会議であった。

ちなみに柴田勝家の所領となった近江・長浜の領民たちは、会議翌年に起きた秀吉と勝家の決戦「賤ヶ岳《しずがたけ》の戦い」で、秀吉方に食糧運搬をするなど、秀吉のために働いたという伝承が残されている（『羽柴秀吉と湖北・長浜』市立長浜城歴史博物館）。わずか一年では領民の心もつかめなかったであろうし、秀吉の豊富な資金投入による指示もあったであろうが、勝家のそれが限界でもあった。

柴田勝家の選択肢

この会議を終えて後、秀吉は柴田勝家を最大の政敵として追い込む。

天正十一年（一五八三）四月、賤ヶ岳の戦いを経て、柴田勝家は越前北庄で敗死。この時、勝家の妻となっていた信長の妹・お市方が、勝家と一緒に自害した話は有名である。

柴田勝家には、秀吉に抗する以外に、道はなかったのであろうか。

おそらくは純粋に織田家当主を戴く、という政権構想を持った柴田勝家と、表面上は織田家を担ぎながら、いずれ自分が政権を握ろうと考えていた秀吉。

つまり、両者は政治目標が違う。だから一時的に和解したとしても、間違いなく両者は衝突していた。

幕末、徳川第十五代将軍慶喜《よしのぶ》は、自ら大政奉還をして政権を朝廷に返し、あらためて有力大名で構成される新政権に参加するつもりであった。

しかし薩摩や長州は、それを許さなかった。慶喜が政権を返上したにもかかわらず徳川を滅ぼそうと、わざわざ江戸で押し込み強盗のようなことまでやって、徳川を挑発するのである。

なぜ、薩摩藩や長州藩は、徳川を許容しなかったのか。

それは新政権の実権を、薩長で握りたかったからである。

慶喜とは、目指す政治目標が違う。

政権を返すという、慶喜としては考え得る最も大きな譲歩をしたのだが、それは意味のないことであった。

徳川がどんな妥協をしようとも、薩長の政治目標は変わらない。徳川を潰《つぶ》して政権を握る。

秀吉が描いた政権構想もまた、柴田勝家や滝川一益といった反対分子の入っている政権ではなかった。だから、柴田勝家がどんな譲歩をしても、両雄は並び立たないのである。

勝家が勝ったかもしれない可能性

丹羽長秀のように、完全に秀吉の指揮下に入ることで生き延びるのは可能か。可能だが、それには勝家が自分の政権構想を捨てる必要があり、おそらく無理であったろう。織田家を見捨てることが、この忠誠心の強い男にできたかどうか。それに何より、秀吉と戦って勝てる可能性も十分にあったのである。

本能寺の変前で比較すれば、秀吉と勝家は互いに一二〇万石前後の所領で大差なく、また、清須会議後も二人の力は、圧倒的な差とは言いがたかった。

では、勝家はどうすれば勝てたのか。

味方になる大名を獲得することである。

実際にも勝家は、同盟できる相手を探し、動かそうとした。

まず、反・秀吉の姿勢を明らかにしている織田信孝、滝川一益と組む。加えて、四国の長宗我部《ちょうそかべ》、中国の毛利やその庇護《ひご》下にある足利義昭とも通じて、「反・秀吉包囲網」を築こうとする。

だが、毛利は動かず。毛利の庇護下にある足利義昭も動けず。滝川一益が兵を挙げるが、柴田勝家との連絡がうまくとれず、各個撃破されてしまう（滝川一益は賤ヶ岳合戦時に城を囲まれて動けなかった）。「反・信長包囲網」の失敗と同じく、情報のやりとりがうまくいかなかったのである。

ただし、勝家が勝利する大きな可能性が一つだけあった。

徳川家康である。家康が柴田勝家側についていたらどうなるか。

勝家が滅んだ後、秀吉と家康は小牧・長久手《ながくて》合戦で戦い、軍事的には家康が勝利を収めている。だからもし家康が柴田勝家側につけば、秀吉に強い圧迫を与えることができたのではなかろうか。

史実としては、家康は秀吉とも、勝家とも距離を置き、せっせと甲斐や信濃へ兵を入れて領土拡大に努めている。

私たちはつい、勝家と秀吉の争いを普通の国取り合戦に見てしまう。が、これはとてつもなく大きいスケールの、お家騒動である。

織田家の内紛だから、家康にしてみれば、他家の内紛に介入することをよしとしなかったのであろう。いや、もっと言えば、どちらが勝ってもやがて自分と対立するであろうから、今の内にせいぜい損害を出し合ってくれればいい、と考えていたかもしれない。

なぜ信長は寛容政策を行わなかったのか

ここからは、勝家の主君である信長の失敗を、彼の同盟者や家臣たちを通して見ていきたい。

信長は、多くの大名から裏切られた。

たとえば、松永久秀、荒木村重《むらしげ》、浅井長政、明智光秀。

松永久秀の場合は、最初信長に対抗しようとし、その後、信長が足利義昭を奉じて入京するとこれに従った。しかし天正五年（一五七七）に裏切って、そのまま敗死。

荒木村重の場合は、どうも本人に謀反の気はなかったようだが、「一度信長に疑われたら助からない」という悲壮な決意のもと、謀反を起こした。

最初から勝てる目算はなかったが、荒木村重は十ヶ月の籠城の後、居城である伊《い》丹《たみ》城を脱出。が、一族妻子三十余名は捕らえられ、京・六条河原で処刑された。本人はその後も生き延びて、のちに、秀吉のお伽衆《とぎしゅう》に起用された。千利休の高弟七人の一人でもある。

松永久秀も荒木村重も、信長に背《そむ》いた以上、あるいはそう疑われた以上、絶対に赦されるわけがないという確信があって、徹底抗戦するのである。

信長は多くの「使えない」家臣、「裏切った」家臣を追放、あるいは滅ぼしている（谷口克広『信長と消えた家臣たち』に詳しい）。それだけならまだしも、信長に歯向かおうとしたという理由で、徳川家康の長男・信康の処分を求め、家康は泣く泣く自分の長男を自刃に追い込んでいる。

長島での一向一揆皆殺しや、比叡山の焼き討ち、伊賀の殲滅《せんめつ》戦、高野聖四〇〇〇人の斬殺など、仮に当時その場にいたとしても、合理的とは思えない不必要な殺戮《さつりく》を信長は繰り返しているのである。

もちろん信長だけが残虐だったわけではない。

信州では、いまだに武田信玄に対して恨みを持つ人が多い。たとえば佐久地方攻略戦時に、敵方の援軍を討ち取ってその生首三〇〇〇を志賀城の周りに突き立て、城兵の戦意を喪失させたうえ、城兵を皆殺しにした（城主・笠原清繁の首塚は今も田の中にあるが、移動しようとすると祟《たた》りがある、と言われている）。

戦国時代の残虐行為は「見せしめ」の面が大きかったが、地域を支配するという意味では、効果は少なかったと考えられる。自分の親族を殺した侵略者に、誰が心から従うであろうか。

信長と秀吉の天下取りのスピードは、単純比較はできないがしかし、相手を赦して傘下に入れた秀吉のほうが、圧倒的に早い。

信長は永禄三年（一五六〇）の桶狭間《おけはざま》合戦から、足利義昭追放の天正元年（一五七三）まで十三年かけて、中央を制した。

秀吉は、天正十年（一五八二）の山崎合戦で明智光秀を討ってから、小田原平定の天正十八年（一五九〇）までわずか八年。

置かれた状況で秀吉のほうが有利だったとしても、信長は全国制覇を成し遂げていないから、この比較で言っても秀吉のほうが早かったと言える。

なぜ、信長は寛容政策を基礎に置けなかったのか。

信長の気質

信長のエピソードを拾っていくと、彼の二面性にとまどう。残虐な反面、情に厚く部下思いな話も残っているからである。

豊臣（当時は羽柴）秀吉と妻のおねが喧嘩をした際に、おねに対して信長が慰めの書状を送ったことはよく知られている。「お前（おね）は、サル（秀吉）にはもったいない女である」等々。あるいは、本能寺の変の六年前（天正四年）、明智光秀が病に臥《ふ》せった時に、わざわざ使者を送ってお見舞いをしている。

犯罪精神医学の第一人者である小田晋《すすむ》氏が、興味深い指摘をしている（小田晋『独裁者の心理学』）。

「（信長には）類癲癇《てんかん》病質や分裂病質といった（中略）性格の偏倚《へんい》（筆者註・偏《かたよ》り）を見出す」

続けて、「これを簡単に、あの時代だからそんなこと（筆者註・信長の皆殺し行為など）当たり前だ、信長は天下統一のために必要な、なすべきことをなしただけだ

——と考えたら、それは誤りである」

と指摘する。

癲癇気質は、粘り強く、几帳面で秩序を好む一方、融通《ゆうずう》がきかず、自分の正当性を主張して爆発することがあるという。分裂症は、現在統合失調症と呼ばれ、他人に対して丁寧《ていねい》に接する一方、被害妄想などを抱くこともあるという（小田前掲書ほか）。

小田氏が直接信長を診察したわけではないし、こうした傾向を持つ人が信長同様の人格であるわけはない。しかしながら荒木村重が、降伏すれば信長は赦してくれる、という説得を受け入れずに謀反を続けた理由、「一度疑われたら、助からない（殺される）」と思わせたのは、まさに信長の被害妄想的な、あるいは偏執的な性格を言い表している。

また、七年も前の発言や、大昔に敵対したことを理由に追放された佐久間信盛や林通勝の例からわかるとおり、信長は粘着質《ねんちゃくしつ》で、いつまでも恨みや憎しみを忘れない性格でもあったようだ。

このことが、明智光秀の謀反にどれほど影響したであろうか。

諸説に共通する信長の姿

光秀謀反の真相はいまだにわからない。

怨恨説、陰謀説、そして単純に天下を取ろうとしたという権力奪取説、ほかにも珍妙な説まで含めたらきりがない。

最近は、怨恨説は可能性が低い、とされているが、筆者は、怨恨も含めた複数の要因が幾重にも重なった結果ではなかったか、と推測している。

怨恨説の代表的なものは、以下のとおりである。

武田討伐時に「われわれの苦労が報われた」と言った光秀に対して、「誰が苦労したたと！」と信長が怒りを爆発させ、大勢の前で光秀を足蹴《あしげ》にした話。あるいは、丹波・八上城攻略時に、光秀は母親を人質にして講和をしようとしたが、信長はこれを拒否。人質であった光秀の母が敵に殺されたというものがある。

さらに、徳川家康接待の際にささいな失敗をなじられてその任を解かれ、屈辱を感じた、等々。

怨恨説の歴史的事実については、高柳光壽《みつとし》氏がそのほとんどを「実際には存在しないつくり話である」と検証している（『本能寺の変・山崎の戦』）。

しかし、こういう話が現代に伝わっていること自体に、信長の欠点が現れているような気がしてならない。

信長の残虐性については、あの『信長公記』の中ですら、「（際限なく殺す状況は）目も当てられぬありさま」と書かれている。

史実には現れない、しかし当時、信長の家臣として働いていた光秀にとって、堪えがたい行為がなかったとは言いきれない。

陰謀説については、足利義昭、朝廷、イエズス会、徳川家康、羽柴秀吉などさまざまな黒幕が登場する。このうち、家康は長男・信康を信長の命令で自刃させたことを大きな要因としているのに対し、秀吉説や足利義昭説などは、権力奪取が目的であると見られる。

各々論者がさまざまな史料を駆使して論を展開しているので、詳細をここでは触れない。しかし各説とも、全面的とは言わないが、それぞれに説得力がある。

そして多くの説に共通しているのは、信長は多数の人間や組織から恨まれたり、恐れられたりしていた、ということである。

この、「恐れられていた」ということに関して、筆者は光秀がまさに信長を恐れていた、このまま信長が生きていれば自分がまずい立場になると考え、行動を起こしたと考えている。

「人間五十年」時代の六十七歳

本能寺の変前、明智光秀に深刻な「政治力の低下」が起きていた。その原因の第一は、年齢である。光秀は、高齢であった。

諸説あるが、変当時「六十七歳」という説が有力である。高齢に加え、

(1) 信長は役に立たない重臣を平気で追放している（佐久間信盛・林通勝）。

(2) 対四国政策からの光秀退場措置《そち》。

(3) 織田家重臣の中で唯一、光秀は攻略すべき担当方面を持っていなかった（谷口克広『検証 本能寺の変』ほか）。

(1) については、すでに触れた。(2) は、元々四国の長宗我部氏との窓口は光秀の担当であったが、これを外され、そして (3) 担当方面を持たず、「遊撃軍」として秀吉の支援に回るよう命令を受けていたのである。つまり、秀吉の下で働け、ともとれる人事である。

遊撃軍については、ゆくゆくは光秀に再び方面軍を任せるつもりだった、あるいは、遊撃軍の地位はそんなに低いものではない、といった議論もある。しかし、もし光秀の年齢が六十七歳だったとすると、話は変わってくる。

「人間五十年」時代の六十七歳である。現代で言えば優に八十歳を超えた感覚ではなかろうか。そんな老境にあって、嫡男はまだ十三歳。これまでどれほど大きな功績を上げている重臣でも、用がなくなれば使い捨てる信長の有り様を見ていれば、不安に感じるのが当たり前である。

性格的にも、そして人事政策上も、何をするかわからない信長。

自身が交流のある朝廷や寺社、かつて仕えた足利義昭らも、信長に大きな危惧と恐怖と、あるいは恨みを抱いている。

ここでもし自分が起《た》てば、多くの賛同と味方を得ることができるのではないか。老齢で政治力の衰えた者が、本能寺で信長を討つという一発逆転を狙ったと考えるゆえんである。

高齢は政権獲得に不利

高齢で政権を握った例を近現代で探すと、代表的なところで犬養毅（七十七歳）、鈴木貫太郎（同）、大隈重信（七十六歳）、宮沢喜一（七十二歳）、鳩山一郎（七十一歳）、福田赳夫（同）、福田康夫（同）らがいる。

天皇の大命降下《たいめいこうか》によらない、選挙結果による選出を行った戦後の総理を見ると、鳩山や福田父子のような例外を除いて、高齢はそもそも政権獲得に有利とは言えない。

本章冒頭で触れた二階堂進を、自民党非主流派や一部野党が、総理候補に擁立《ようりつ》する動きがあった（「二階堂擁立構想」昭和五十九年）。中曽根康弘総理再選を阻止するためのものだったが、結局、自民党内の勢力が揃わず、構想はしぼんでしまった。

構想が実現しなかったのは政治的な背景も大きかったが、党内を含めた世論が盛り上がらなかったせいでもある。その一つの要因として、当時七十五歳だった二階堂の年齢も無視できない（ちなみに竹下登は、当時六十歳）。

当時の織田家重臣たちは、本能寺の変時点でいくつだったのか。

柴田勝家、不詳（五十六、五十七、六十一歳の諸説あり）。
丹羽長秀、四十七歳。
滝川一益、五十七歳。

羽柴秀吉、四十六歳。
明智光秀、六十七歳（五十五歳説もあり）。

もし光秀が六十七歳だったとすると、重臣たちの中で突出した高齢者ということになる。

加えて、光秀の謀反には、致命傷とも言うべき欠点があった。

それは、新政権の枠組みに対する考えの欠如である。

信長の死を望んだ織田系大名はいなかった

謀反の性格上、最初から政権の枠組みについて、もっと平たく言えば、政治の未来について語ったり相談したりすることはできなかった。だから、もう少し秀吉の来襲が遅ければあるいは、光秀は足利義昭や朝廷を巻き込んで、何か構想的なものを公にしていたかもしれない。

しかし、その時間はなかった。同盟への呼びかけも本能寺の変後、唐突に行われた観がある。

これでは、政権に参加するも何もない。勢力の結集など無理であった。

光秀の頭の中には、かつての「反・信長包囲網」があったと思われる。「反・信長包囲網」が失敗している最大の要因は、信長が生きていたことであり、信長さえ消せば織田家の力は大きく削《そ》がれ、反・信長包囲網が機能すると考えたかもしれない。

しかしかつての反・信長包囲網がそうであったように、今回も味方になるべき上杉や毛利や長宗我部は、すべて遠方にある。しかも彼らは今まさに、織田家の方面軍である柴田勝家や羽柴秀吉たちと戦っているのである。

中央にいる光秀と反・織田系大名が力を合わせ、織田家重臣たちを挟み撃ちにする――。

それは、図上では叶うことであるが、織田の各方面軍を挟撃《きょうげき》するには、中央にいる光秀自身の勢力が大きくなければならない。

すなわち、元々織田家が掌握していた近畿地方で、光秀に味方する織田系の大名を糾合しなければならないのである。

ここで問題なのは、信長を殺した光秀に味方する織田系の大名がどれほどいるか、ということ。光秀に進んで味方するには、その大名が信長や織田政権の滅亡を願っていたことになるが、はたして、どれだけの人間が信長の死を望んだのか。あるいは、信長体制という政権の崩壊を、どれだけの大名や部将が望んだのか。織田家や同盟軍の中で、信長体制崩壊を望んだ者は、ほとんどいなかった。勝ち続けている軍隊が、勝利をもたらす指揮官の死を望むわけがない。

信長がいなくなったらどうなるか、ということを考えた人間はいたかもしれない。しかし、自分が謀反を、あるいはその手助けをしてまで信長体制を崩壊させようとは、ほとんどの織田系大名は思っていない。

これは同時に、光秀に味方する武将がほとんど出てこないことを示している。

優秀であるがゆえに成功か滅亡しかなかった

政治力とは、自分の考えを実現する力である。

政治力が大きい人というのは、今、人々が何を欲しているのかということに敏感である。なぜなら、政治力は人々の力を結集して一つの方向に向かわせる力であるからだ。人々がまったく欲しないことをいくら声高に叫んで、金を配り、銃で脅しても、人は動かない。こうして欲しい、という欲求を実現してくれる人間に、人々は自分の力を与えるのである。

信長体制は少なくともその体制の中にいる人々にとっては、欲している状況をつくっていたのである。それに対して光秀は、あまりに自己中心的でありすぎた。

他方、信長の失敗は「油断」としか言いようがない。

性格の問題は是正《ぜせい》のしようがないし、全軍が全国で戦いを展開し、近くにいたのがたまたま光秀だったというのも、運命である。

だが、たとえば一緒に京にいた嫡男・信忠の兵と、併せて三〇〇〇の兵がいたとしたら。そして寺社ではなく最初から二条城や、あるいは近隣の城に宿泊していたらどうであろうか（少兵力で本能寺など寺社に宿泊することはそれまでもたびたびあり、別に襲撃を受けたこともなかったので、大丈夫だと思ったのであろう）。

あるいは。事前に周囲に情報網を敷いて、味方といえども光秀の動きを監視していたらどうであったか。

信長ほど猜疑心《さいぎしん》の強い男がこういう処置をとらなかったのは、光秀が考えているのとは逆に信長は光秀を信頼し、光秀を買っていたのかもしれない。

そして、その可能性は大きいと筆者は考えている。

光秀を遊撃軍にしたのは、光秀が思っているような格下げではなく、次の布石（たとえば九州攻略など）のためかもしれない。

もし光秀が高齢を理由に将来への不安を抱き、政治力が低下していたとしても、信長が光秀を追放するとか取り潰すといった具体的な証拠は何一つ見つかっていない。つまり、光秀謀反の理由は将来への不安だったとして、それは光秀の取り越し苦労であり、過剰反応だったのである。

そこまで言うなら、単純に「天下を取りたかった」という野望説のほうがスッキリするかもしれないが、政治には不合理なことが多い。

おそらく、今なら野望を叶えられるという合理的な理由と、「いつか捨てられるかもしれない」という過剰反応と、信長の政策についていけないという政策の相違などが複雑に絡み合っていたと考えられる。

織田信長は人材発掘の天才であり、彼らを活用する名人でもあった。が、同時に、使えなくなれば彼らを見捨てる冷酷さも持ち合わせていた。

逆説的だが、もし明智光秀や荒木村重、あるいは柴田勝家や滝川一益たちが、それほど傑出した能力を持たずにごく普通の働きをしていれば、謀反の当事者となることや権力闘争のまっただ中で苦労しなくてもすんだかもしれない。

彼らは優秀であるがゆえに、活躍の場と地位を与えられ、優秀であるがゆえに、常に成功か滅亡かという選択肢の中で生きざるを得なかったのである。

第4章

ありえなかった関ヶ原合戦の計算違い

財閥の大番頭と政界の大物が再評価する

石田三成の遺骨が、明治四十年に発掘調査された。出てきた頭蓋骨は、まるで女性のようであったという。もっとも、想定される身長が一五六センチなので、頭が小さいのは不思議ではないかもしれない（鈴木尚『骨――日本人の祖先はよみがえる』）。なお、発掘調査から再検討まで複雑な経緯があるが、本書では触れない）。

どこに埋葬されていたのか。京都・大徳寺の三玄院《さんげんいん》。元々、石田三成や浅野幸長《よしなが》、森忠政らによって開基され、開祖は春屋宗園《しゅんおくじょうすい》。宗園は黒田如水や千利休からも帰依《きえ》を受けるなど、大名や文化人からも尊敬を集め、学識・人格ともに優れた人物であったようだ。六条河原で三成が処刑された後、晒《さら》されていた三成の遺骸を引き取り、三玄院に葬《ほうむ》ったのが宗園である。

この三玄院にある三成の墓が、なぜ発掘調査されたのか。

発掘調査を依頼したのは、「三井財閥の四天王」の一人、朝吹英二だった。

朝吹は若い頃、のちに師となる福沢諭吉暗殺を計画するほど過激な尊王攘夷思想の持ち主だった。徳川幕府に反感を抱き、その祖である徳川家康が大嫌い。

さすがに長じて攘夷思想はなくなるが、家康嫌いは続く。そして、家康に歯向かったため江戸時代には大悪人と喧伝《けんでん》された石田三成を再評価したい、と考えた。発掘調査はその一環。

三成再評価については、たとえば自民党でかつて副総裁を務めた大野伴睦《ばんぼく》も同様の主張をしている。

「身も心も投げ出して豊臣家を守り立てんとする奮闘が秀吉薨去《こうきょ》後の三成の姿であります」（大野伴睦『伴睦放談』収録「新論石田三成」）

朝吹も大野もどちらかというと調整型で、しかも義理人情に厚く、それがまた人を惹きつけてもいた。二人が三成を再評価したのは多少判官びいきな面はあるにせよ、三成が優れた行政官であったうえ主家に殉じた、と見たからではなかろうか。

三成は、本当はどんな人物だったのか。

裏切りが出る前までは完璧な企て

発掘調査にあたった学者は三成の頭蓋骨の形から、彼が腺病質《せんびょうしつ》、つまり病弱で神経質であったと推定しているが、しっくりこない。トゲトゲした神経質な官僚、というイメージがそこから派生して想像できるが、三成の行動を仔細に見れば、神経質どころか、大胆不敵という以外にない。

近江・佐和山一九万四〇〇〇石の三成が、関東二五〇万石の徳川家康と一戦交える。よほどの度胸がなければやれなかったであろう。

と同時に、緻密《ちみつ》に戦略を練り、幾通りもある戦いの推移を想定し、こちらの弱点を補い敵の弱点を突く準備をしていたはずである。病弱で神経質な人間にできるものであろうか。

数字を検討してみよう。

わかっている範囲で言えば、西軍（石田三成）側と東軍（徳川家康）側の国力の差は、以下のとおりである（旧参謀本部編『日本の戦史・関ヶ原の役』ほか参照）。

西軍　一一二四万石
東軍　九六八万石

兵力の差は、単純に石高から見れば西軍有利であり、実際、関ヶ原に陣取った兵力は、

西軍　八万二〇〇〇
東軍　七万四〇〇〇

であった。

ただし、ここには変数がたくさんあって、その最も大きなものは、西軍から東軍に寝返った者たちである。

小早川秀秋をはじめ、石高で言えば約八六万石が東軍に移動した。

さらに言えば、当日、南宮山《なんぐうさん》にいた毛利勢は結局本戦に参加せず、こういう傍観《ぼうかん》組もいた。

三成が計算したのは裏切り者が出る前の数字であり、関ヶ原本戦が始まる前で言

えば、見事にプロジェクトを開始させたわけである。
では三成の何が、失敗を招いたのか。

「勢力」を持っていたかどうか

それは、「勢力」について、見誤っていたのだと考える。

社会心理学者のジョン・フレンチとバートラム・レイブンは、勢力について興味深い分類をしている（斉藤勇編『社会的勢力と集団組織の心理』）。

①　報酬勢力　AはBに対して報酬を与える力を持っている、とBが考える。
②　強制勢力　AはBに対して、罰を与える力を持っている、とBが考える。
③　正当勢力　AはBの行動を決める正当な権利を持っている、とBが考える。
④　準拠勢力　BがAに対して魅力を感じ、Aと一体でありたい、と考える。
⑤　専門勢力　Aは特定分野で、専門的な知識や技術を持っている、とBが考える。

これに加え、バートラム・レイブンは

⑥　情報勢力　Aの知識や情報の伝達が、集団の外にいるBに影響を及ぼす。

という勢力を加えた。

石田三成や徳川家康に当てはめながら見ていきたい。

まず、①報酬勢力。AはBに対して報酬を与えてくれる力を持っている、とBが考える。

これは、徳川家康も石田三成も、どちらも勝利後の報酬（役職や加増）を約束し、またこれを期待させるに十分な根拠も持っていたので、互角といっていい。

②の強制勢力。AはBに対して、罰を与える力を持っている、とBが考えるのも、家康、三成、ともに存在していた。

家康は豊臣政権下では五大老で、上杉景勝に対して軍を動かしたのも、懲罰《ちょうばつ》が名目である。また三成も豊臣政権下では五奉行の一人として、朝鮮の役における諸将の行動について、懲罰を与えている。西軍の実質的なトップとなった三成は当然懲罰の力も持っていた。

③の正当勢力であるかどうか。

家康は豊臣秀頼の代理として、上杉討伐を行うため出兵したのであり、三成は、「豊臣家を家康の横暴から護《まも》る」という大義名分で諸将を集めた。

①報酬を与える（アメ）、②強制する（ムチ）、③正当である（題目）については、家康も三成も揃っている。

問題は、残りの三つである。

小早川秀秋の忘れ得ぬ思い出

④の準拠勢力。

BがAに対して魅力を感じ、Aと一体でありたい、と考えるかどうか。

西軍を裏切った小早川秀秋を例に見てみたい。

小早川秀秋は、秀吉の正妻・おねの兄（木下家定）の子、つまり秀吉の甥である。三歳の時、子のいなかった秀吉の養子となるが、秀頼が生まれると小早川家に養子に出された。

幼い頃は利発だったらしいが、成長するにつれて普通になり、やがて「愚鈍」とも言うべき性格になったと伝えられている。

この、普通か、やや劣ると後世評価される十九歳の若者が、五二万石という大きな所領を背景に関ヶ原合戦を目前にして、「三成につくか、家康につくか」と悩んだわけである。

小早川秀秋に対する工作は、東西両軍ともに行われていた。

家康側は、秀吉の本妻であり秀秋の叔母である北政所《きたのまんどころ》（おね）を利用した。秀秋は北政所から、「江戸内府（家康）を裏切るでないぞ」と言われる。

他方、三成は秀秋に豊臣政権での地位（秀頼の後見役）と、領国の拡大を約束した。

小早川秀秋は秀吉の養子であった時期がある、と書いた。ということは、一時的であれ秀吉の跡継ぎの可能性があった。

このことは本人も意識していたらしく、それゆえに、三成から「秀頼さまのご後見役として」と頼まれて悪い気はしない。

さて。

報酬を与えてくれる、つまり①報酬勢力の面で言うと、明らかに三成のほうが秀秋に対して好条件を出したようである。だが、秀秋は三成を裏切った。なぜか。

秀秋には、忘れられない出来事があった。

朝鮮出兵の折、秀秋は奮戦して手柄を立てたのだが、秀秋の評価が高まることをおそれた三成が秀吉に対し、「秀秋は大将のくせに足軽のごとく、自ら敵陣に突入して敵を斬り伏せる行為を行った」という讒言《ざんげん》に近い報告をした。

秀吉は激怒して、帰国した秀秋を叱責。秀秋は秀吉から褒められるとばかり思っていたら、ひどく叱られショックを受けた。

それが三成の報告のせいだと知った秀秋は、「治部少《じぶしょう》（三成）を出せ！」と大坂城内で騒ぎ、出てきた三成に本気で斬りかかろうとしたのである。

その場にいた家康がなだめて、秀秋を屋敷に連れ帰った。

するとそこに、追い討ちをかけるように秀吉の使者がやってきて、「秀秋の所領である筑前・筑後五二万石を取り上げ、越前北庄《きたのしょう》一五万石へ転封する」と言い渡されたのである。

秀秋は再び怒り狂ったが、家康が秀吉からの使者に、「『秀秋は仰せを承りました』、と言上願います」と告げてなんとか取り繕《つくろ》い、その後、家康は秀吉に話を通して、五二万石取り上げの件はうやむやになったのである。

圧倒的な戦歴の差

かつて、斬り殺そうと考えた三成。

所領を大幅に減らされそうになって、それを助けてくれた家康。

どちらに親しみを感じるか、言うまでもない。

家康は秀秋以外にも、こまごまと諸大名の面倒を見ている。豊臣秀次《ひでつぐ》が謀反の疑いで失脚し自刃した時、娘を秀次の側室に出していた最上義光《もがみよしあき》や、秀次に借金していた細川忠興《ただおき》、秀次と親しかった伊達政宗も連座で処罰されるところを、家康は救っている。

三成も、たとえば島津氏に対して検地の際に帳簿の基礎などを教え、島津の領国経営が立ち行くように図ったりした。しかし、所詮は一九万石の大名でしかない三成にとって、スケールの大きな配慮は難しく、また性格的に気配りに長《た》けていたとは言いがたいので、家康に比するような魅力を三成は感じてもらえなかったであろう。何より、三成が諸大名から一目置かれたのは秀吉の申次《もうしつぎ》（秘書室長）として、秀吉への取り次ぎを行っていたからであり、「背景に秀吉がいる」ことが彼の力の条件であった。これでは「三成と一体になって働きたい」とは思われないであろう。

よって、④の準拠勢力、BがAに対して魅力を感じ、Aと一体でありたい、と考えるのは、家康に軍配が上がる。

⑤の専門勢力。Aは特定分野で、専門的な知識や技術を持っている、とBが考える、について。

関ヶ原合戦の頃で言えば、「この人は、いくさについて知識と経験が豊富だ。政治家としても一流。だから、ついていけば間違いない」と、大名たちから思われるかどうか、である。

三成は、もっぱら官僚として働いていたかのように思われているが、合戦ももちろん経験している。ただ、あまり華々しく勝利はしていない。よく三成の「いくさ下手」として挙げられるのは、武蔵の忍城《おしじょう》攻略失敗だが、長い武将生活の中で、敗戦を経験しないほうが稀有《けう》である。奥州平定でも各地を転戦し、朝鮮出兵でも戦いに参加している、こういう履歴を考えると、参戦経験が極端に少ないとは言えない。そして、政治手腕は豊臣政権下で証明済みである。

他方、家康。

主な戦いだけでも、姉川合戦、三方ヶ原合戦、長篠《ながしの》合戦、小牧・長久手《ながくて》合戦などを戦い抜いている。

この間に、武田、北条、今川らを相手に一歩も引かず、織田信長の盟友として最前線に立っていた。これだけの履歴と、もちろんそのほとんどに勝利したという戦歴は、関ヶ原合戦時に生き残っているものの中で、随一と言ってよい。

しかも決定的だったのは、小牧・長久手合戦を戦ったことである。

家康は、ここで豊臣秀吉と戦って、互角、いや、戦闘場面だけで言えば秀吉を凌駕《りょうが》していたのである。

小牧・長久手合戦は天正十二年（一五八四）。つまり関ヶ原合戦の十六年前だから、実際に家康と対陣してその強さを実感している大名も多かった。

領国経営においても、また諸大名との外交においても、一流だったと言わねばなるまい。三成とは違って誰かを背景にしたのではなく、家康は自分の実力だけでものを言い、政治を行った。

以上のような戦歴・経歴の差は、専門勢力、合戦や政治の分野に関して、家康は圧倒的に勝っていた。三成よりも、豊かな経験と豊富な知識を持っている、と他の大名から見えるのである。

あなたが大名ならばどちらにつくか

⑥の情報勢力。Aの知識や情報の伝達が、集団の外にいるBに影響を及ぼす。
これも関ヶ原合戦当時の状況で言い直すと、Aの持つ戦歴やあるいはAに関する情報が、Aの陣営に入っていない諸大名たちに影響を与えるかどうか、というもの。

平たく言えば、「Aはすごいらしいぞ」、と思われるかどうか。

このAを、三成に置き換える。三成の陣営にいない大名にとって、三成の戦歴はすでに触れたように家康とは比較にならない。

では、三成の「陣営」についての情報はどうか。

これは、三成方が家康方と同じ勢力を持ったという結果を見ればわかるとおり、「三成陣営は、意外に人数を集めている」という情報を、諸大名が受けたことは想像に難くない。

今度はAを、家康に置き換える。

戦歴、履歴は言うことなし。集めている大名も、三成方と大して変わらない。

たとえばあなたが、今のところ中立を保っている大名だとしよう。どちらの陣営に入ろうと考えるだろうか。もちろん、勝つほうに入りたい。では、勝つほうはどちらか。つまり、あなたが考える「勝利の根拠」は何か。

兵力は同じくらいなのに、家康方に入ろうと思ったとする。あなたが「家康方が勝つ」と思う根拠は、「徳川家康」という強大な頭領が存在することではなかろうか。

あなたが三成方に与《くみ》しようとした、とする。「三成方が勝つ」と思う根拠は何であろうか。

「石田三成がいるから」、という理由で三成陣営に参加しようと考えるだろうか。そういう大名はおそらく少数で、たとえば「中国の太守・毛利輝元がいる」「大老の宇喜多秀家が参陣している」「豊臣家の直接支援がある」と、三成以外の、三成「陣営」が持つものをあてにするのではなかろうか。

関ヶ原合戦の前、大坂城に西軍（三成陣営）大名たちが集結し、互いに話をしてみると、みなあまり積極的に参加をしているのではないことが判明した。「戦意のない大名がすくなくなかった」（辻達也『日本の歴史・江戸開府』）のである。

だからこそ、なのであろうが、三成はかなりの資金提供を、この統制のとれない味方に対して行っていたようである。

目に見えない勢力の差

「金銀や火薬が必要ならば、要求ありしだい、すぐに秀頼さまからお送りします。太閤さま（秀吉）が蓄えられた金銀や空いている領地は、忠節をつくしてくだされば与えられます」（『古今消息集』より意訳）

これは、石田三成が信州・上田城にいる真田昌幸に宛てた手紙である。こうした手紙、あるいは一種の買収が、頻繁に行われていたと見て間違いない。

豊臣家の資産については、かなりの額にのぼっていることが知られていたから、諸大名は三成の言葉をウソだとは思わなかったであろう。しかし現実には、三成ですら豊臣家の金を自由に出し入れできず、自腹を切っていた模様である（増田《ました》長盛に宛てた手紙などで窮状を訴えている）。

ただ、本人は自腹でも、受け取る側は豊臣家からの金だと思う。となれば、誰も三成に感謝をしない。これでは金銀贈与の効果は半減である。

また、西軍に参加した大名たちの家康に対する感情も、三成のように尖鋭《せんえい》的に

「家康滅ぼさずして豊臣家の安泰はない」とまでは考えていなかった（事実、三成が思ったとおりになったが）。

豊臣政権で実質的に政治を行っていた五奉行のうち、浅野長政と石田三成は合戦前に政権を離れていたが、残りの増田長盛、長束《なつか》正家、前田玄以《げんい》のうち増田と前田の二人は、戦前から家康に逐一、西軍の状況を知らせていた。

彼らを「卑怯者」と論じるものも多いが、元々、西軍に参加した多くの大名が、「できることなら、家康を中心に秀頼さまを立てて政権運営を」と願っていたのである。家康と対峙《たいじ》する側がこの状態では、三成の苦労も半端ではなかったであろう。

対する家康方、東軍に参加した豊臣系の加藤清正や福島正則などは、「三成を殺さずして、豊臣の健全な政治は実現できない」と確信を持っており、やる気満々なのである。

整理をすると、西軍に参加した少数の大名だけが「絶対に家康を滅ぼす」と息巻き、他の西軍諸将はそこまで強く家康滅亡を望んでいたとは言いがたい。

対して東軍は一致して、「三成、赦しがたし」で固まっていた。

現代の政治でも、意思を持たない一〇〇人が集まるよりも、強い意志を持つ五人のほうがはるかに強い力を発揮するが、関ヶ原合戦時の西軍と東軍では、こうした数量化できない要素が、見た目の勢力と違う状況をつくり出していたのである。

自前の勢力をつくれなかった三成

黒田如水は、「関ヶ原合戦が一日で終わるとは」と思ったらしいが、これは他の大名も同じ思いであったろう。

そして、仮に関ヶ原の本戦が一日で終わったとしても、まだ大坂城がある。大坂城で秀頼を戴いて抵抗すれば、東軍にいる豊臣系の大名たちは、大坂城を攻めることはできなかった。

西国に集中している西軍であったから、大坂で一戦交える覚悟があれば、まだまだ勝敗はわからなかった。しかし、大坂籠城は実現せず、西軍総大将の毛利輝元は大坂城を離れ、大坂城を目指して逃亡していた三成も捕まって、処刑される。

西軍陣営は徹底的に家康と戦う覚悟がなかったから、三成や宇喜多秀家ら「家康討つべし」の大名たちが関ヶ原で敗れたことをもって、すべてが終わってしまった。まだまだ戦う力があったにもかかわらず、西軍の崩壊は防げなかったのである。

勢力として固まっていない集団は、勝てる機会が残っていても、最初のダメージで崩れてしまう。

三成は、家康がどんどん勢力を伸ばしてくる政治状況を合戦で引っくり返そうとした。しかし本来は、家康の勢力を削り、向こうにいる者をこちら側に引き寄せ、家康が弱ったところで一気に潰《つぶ》す（もしくは支配下に入れる）のが、本当の政治力である。

三成は、豊臣秀吉が見いだしたきわめて能力の高い人物だったが、彼はあまりにも豊臣政権の動かし方を知りすぎていた。

自前の勢力をつくらなくても、家康に代わる名目上の筆頭大老を担いで人数を揃えれば、つまりは豊臣政権を動かしさえすれば、それで家康に勝てると踏んだ。

三成の失敗はすなわち、戦意を持った戦える勢力をつくり得なかった、というところに帰結するのではなかろうか。

米を買って家を残す

関ヶ原合戦は、諸大名に「どちらにつくか」という、選択の自由を与えた。

家康も三成も、大義名分としては「豊臣家のため」ということになっていたから、豊臣秀頼本人が（幼児ではあったが）出馬でもしない限り、どちらについても豊臣家に対する謀反とは、とられなかったのである。

足利将軍を殺して、しばらくの間権力を保持できた松永久秀らの時代からまだ三十年ちょっとしか経っていないが、世の中はすでに、「いずれが正統か」という世論がやかましくなっていた。あるいは、本能寺の変での明智光秀の失敗が影響していたのかもしれない。

さて。関ヶ原開戦前の状況を見ながら、諸大名の決断を考えてみたい。

前述の「勢力」で冷静に判断すれば、六対四くらいの割合で家康につくのがよいであろうが、三成は大坂城を押さえているし、解任されたとはいえ豊臣現政権を長年にわたって動かしてきた実力者である。

さて、どうするか。

選択に迷った大名たちはさまざまな手段を使って、自家の生き残りを図る。

まずは鍋島《なべしま》家。

佐賀三五万石のあるじ、鍋島直茂は、元々は龍造寺《りゅうぞうじ》氏の家臣だった。しかしその後、龍造寺家を引き継いだ。知勇兼備で知られた直茂は情報収集も怠りなく、情勢を冷静に分析しつつ、ユニークな手を打った。

家康が上杉討伐で東上するという情報を得ると、すぐに家臣に銀五〇〇貫を与えて、西は尾張から東は会津・上杉の国境付近まで、ちょうど家康が会津征伐に向かう通り道に沿って、米を買いつけた。

上方で石田三成たちが兵を挙げた場合、会津征伐から西に戻る家康に、兵糧として無償供与するためである。

しかし、鍋島直茂は別の場合も考えていた。

もし家康が上杉と会津で戦って敗れ、三成たち西軍が関東に攻め上ってきた場合、同じくこの米を提供し、西軍に与する。

どちらに転んでも、損はしない。

直茂はしかし、米を購入しただけでただ状況が動くのを待っていたのではない。

宇都宮にいた徳川秀忠に少量の米を献上し、情報収集を重ねた。

その結果、家康有利と断じた。

直茂は早々に、家康へこの莫大な量の米を献じることに決めたのである。

家康がどれほど喜んだかは、直茂の子・勝茂が西軍に入って戦ったにもかかわらず、本領を安堵されたことでも明らかである（もちろん直茂は、勝茂無罪の工作をしたが)。

鍋島家の場合は、息子の勝茂が元々東軍に参加しようとしたのに、途中で西軍に足止めされ、やむを得ず西軍に参加したという経緯もあるが、本来なら「勢力の選択を誤った」結果として取り潰される可能性も大いにあった。戦闘以外で、失敗を挽回した好例と言えよう。

一三八万石対、一〇万石

信州・真田家。

当主の真田昌幸は、まるで徳川を翻弄《ほんろう》するために生まれてきたような男で、家康は昌幸を大変おそれた。次のようなエピソードが残されている。

関ヶ原合戦から十四年が経った、慶長十九年(一六一四)十月。大坂冬の陣を目前にした緊迫のこの時期に、徳川家康のもとへ一つの知らせが届いた。

「幽閉《ゆうへい》されていた真田が九度山(高野山)を抜け出し、大坂城に入城しました」

徳川家康は、手を置いていた板戸がガタガタと音を立てるほど震え出した。

「大坂に入ったのは、親のほうか、子のほうか?」

親、とは真田昌幸。子は幸村（正式には信繁。本書では名が通っているので「幸村」と記す）。

「入城したのは、子の真田幸村でございます」

それを聞いて家康の震えがようやく止まった、という。

真田昌幸はすでに三年前、軟禁されていた九度山で病没している。家康は真田昌幸の死を一瞬忘れたのか、どうか。

この話は創作されたものだろうが、家康は真田昌幸に二度も煮え湯を呑まされていたから、実話のごとく伝わったのであろう。

煮え湯の一度目は、天正十三年（一五八五）。

当時、徳川家康の陣営に属して北条と戦っていた昌幸だが、家康は北条との和睦《わぼく》条件として、昌幸の領していた上州・沼田を差し出すことにした。

おさまらないのは昌幸である。勝手に、人の領地を和睦の条件にするとは何事か。

怒ってはみたが、これを呑まなければ家康に潰される。

真田領・沼田は三万石程度、上田が江戸時代の石高で七万石弱だから、およそ一〇万石の真田昌幸。一方、当時すでに、駿河・遠江《とおとうみ》・三河に加えて甲斐・信濃を合わせた一三八万石を領する、徳川家康。巨艦を相手にどう戦うのか。

七〇〇〇対、一〇〇〇

昌幸は二つの手を打った。一つは外交であり、もう一つは戦術。

外交では、それまで宿敵だった上杉と手を結んだ。上杉は、豊臣秀吉とよしみを通じている。秀吉に近い、イコール、家康の対抗勢力。

戦術面では、局地戦でもよいから家康に勝利して、家康に手を引かせることを目標とした。

真田の本拠地・上田城に立てこもって、向かってくる敵を粉砕する。

昌幸の持っている兵力では、徳川の領土を侵して占領を維持するのは無理であり、戦いの目標はあくまで局地戦の勝利だから、侵略する必要もない。完全な専守防衛でよいのである。

徳川家康は、鳥居元忠、大久保忠世らに七〇〇〇の兵を預け上田に向かわせた。

真田昌幸が動員した兵は、一〇〇〇名前後。家康側の七分の一程度である。

昌幸は、城の東南にあたる神川の前に二〇〇人ほどの兵を置き、「徳川勢が来たら、適当に戦ってすぐに退《ひ》いてこい」と命じた。徳川勢が来ると、昌幸の言うとおり二〇〇の兵はすぐに退く。そのあとを徳川方は追ってくる。昌幸はこの間、城で碁を打っていた。

敵はどんどん城下に入ってくる。城下ではまったく抵抗らしい抵抗がない。

この無抵抗を真田勢の少なさと勘違いした徳川勢は、城下深く入り込んだ。

城下町というのは、道が入り組んでいて見通しがきかない。まして戦いのため至る所に柵が設けられている。

やがて城からの合図で、隠れていた真田側三〇〇〇名の武装農民が城下に火をかけた。正規兵は一〇〇〇だが、真田には農民兵がいたのである。

徳川勢がひるむと、昌幸は自ら五〇〇の精鋭を率いて混乱する徳川勢の中に突入し、全滅に近い戦果を上げた。

討ち取られるのを傍観する徳川勢

昌幸の対・家康戦、一度目の状況を詳しく述べたのは、関ヶ原合戦時に同じ上田城を舞台として、再び昌幸が勝利を得るからである。

次男・真田幸村と共に上田城にこもった昌幸。率いる兵は二〇〇〇。

対する、中山道を上方に進撃する徳川秀忠の軍、三万七〇〇〇。

今度は、二〇倍弱の敵を迎え撃つ。

昌幸のとった策は、初めて徳川勢を翻弄した十五年前と基本的には同じで、敵を城下におびき出し、罠を張り、伏兵で一気に討ち取る作戦である。

対する徳川秀忠は攻城戦の定石、城から敵をおびき出そうとした。

が、それに乗る昌幸ではない。

昌幸は、自ら馬に乗って秀忠勢の眼前数百メートルの所をゆるゆると、花見でもするような格好をして馬に揺られている。

完全な挑発である。

本来、真田軍を誘い出さなければいけない徳川方が、この挑発に乗って昌幸に攻めかかった。

昌幸は逃げる。

追う、徳川軍。

徳川軍の先鋒は、討ち急ぐあまり突出して孤立。待ってましたとばかりに真田側の伏兵が襲いかかる。

これは大変だ、ということで、ようやく中軍が川を渡って先鋒に追いついた。が、今度は川の堰《せき》が切られて本隊との間を遮り、中軍が孤立して次々に斬り伏せられていった。

秀忠本営は味方が倒されるのを、ただ傍観するしかなかったのである。

大きな功績も失敗に

上田城の攻防はしかし、単にいくさ上手の真田昌幸が、徳川軍に再び一泡吹かせてやった、という戦記物的な痛快さだけではない、もっと大きな意味があった。

関ヶ原本戦は、小早川秀秋の裏切りなどがあってどうにか東軍は勝ったが、明治陸軍を育てたドイツの軍人、クレメンス・メッケルが関ヶ原を訪れた折、

「これは、西軍の勝ちである」

とすぐに結論を出した話は有名である。

メッケルは児玉源太郎はじめ、明治陸軍の主要な幹部たちを育て、間接的に日露戦争勝利に貢献した人物だが、そのメッケルが軍勢の配置を現地で見て、西軍が負けるわけがない、と判断した。

関ヶ原の桃配山《ももくばりやま》に陣取った徳川家康も、関ヶ原を眺めて同じ感想を持ったに違いない。会戦を得意とする家康が、関ヶ原の陣容を見て勝敗がわからなかったわけがない。

もちろん内応の約束をしている大名が多数いたが、彼らとて状況次第でどう動くかわからない。

実際、裏切りの約束ができていたはずの小早川秀秋は、戦い開始からしばらく傍観していた。西軍の勢いが凄まじかったため、裏切りを躊躇したのである。

ここにもし、絶対に徳川方として戦う秀忠の三万七〇〇〇の兵がいたら、どうであったろうか。

仮に西軍から一人の裏切り者も出なかったとして、徳川秀忠が率いていた三万七〇〇〇の大軍勢が関ヶ原本戦に参加していれば、家康はもっと楽に勝利したかもしれない。

そういう意味で、十日間も上田に三万七〇〇〇の軍勢を足止めさせた真田昌幸の功績は絶大であり、もし西軍が勝利していれば、昌幸は信濃・北関東の太守になっていたであろう。

では、昌幸の行動は成功だったのか失敗だったのか。

局地戦で見れば大勝利である。しかし、昌幸は西軍敗戦によって紀州・九度山に軟禁状態に置かれた。東軍に味方していた場合と比較して、失敗だったというのは酷であろうか。

昌幸は、長男・信之を東軍に参加させ、真田家は残った。このことをもって、「昌幸はどちらに転んでも家が残るようにした、たいしたものだ」、という考え方もある。しかし、昌幸とその長男・信之、次男・幸村には、各々東西に属する理由もあった。

自然な流れの父子分裂

まず昌幸は、秀吉時代に豊臣家が真田の領土を安堵してくれたことに恩義を感じていたし、昌幸の娘は三成の義弟（宇多頼次《じょせい》）に嫁《か》していた。

次に信之は、徳川の重臣・本多忠勝の女婿。

そして、幸村が三成の盟友・大谷吉継《よしつぐ》の女婿。

これで考えれば、昌幸・幸村が西軍に、信之が東軍に分かれたのも無理からぬところではある（笠谷和比古《かずひこ》『関ヶ原合戦と近世の国制』など）。

笠谷和比古氏は、「（信之の妻に徳川重臣の女子を、幸村の妻に豊臣系の大名の女子を迎えたのは）そのときすでに、豊臣・徳川の対立が生じた場合に備えて、真田一族の生き残り策をほどこしていた」（笠谷前掲書）と指摘する。

筆者はしかし、昌幸がそこまで考えてやったとは、断じられないと思う。

幸村の舅《しゅうと》・大谷吉継は、豊臣政権の中にあって家康に近い大名の一人であった。慶長四年（一五九九）。家康が、秀吉の遺言に背《そむ》いて諸大名と婚姻関係を結んだことを問責される場面があった。

この時伏見の徳川家康邸に集まった徳川派の大名の一人が、大谷吉継なのである。もしかしたら反・家康方の大名と一戦あるかもしれない、という状況下で、片方の陣営に参加するのは、「自分はこちら側の人間です」と表明することである。大谷吉継は「自分は徳川家康側の人間」ということを明らかにしたのである。

つまり、真田昌幸が大谷吉継の女子を次男・幸村の嫁に、としたのは、豊臣政権内部の人間との関係強化のためであって、積極的に対・徳川を考えてのこととは、あまり思えない。

昌幸の、小国ながら家康を二度も翻弄した手腕。

次男・幸村の、大坂の陣での大活躍。

これによって、二人は後世絶大な評価を受ける傾向があるが、ごくごく冷静に考えると、真田「家」は残ったが、大活躍した昌幸は軟禁先で死去し、幸村は討ち死にしているのである。

ゆえに、これを失敗の範疇《はんちゅう》として論じることもまた許されよう。

筆者は戦国大名の中で好きな武将の相当上位に、真田昌幸が位置していることを付言して、さらに昌幸の行動を分析したい。

全国の「関ヶ原合戦」が終わった

真田昌幸の本拠地、上田。

上田城に立てこもる昌幸の意味を考えると、昌幸の「失敗」の要因が見えてくる。

上田は中山道を西に向かう徳川秀忠軍にとって、避けて通れぬ場所であった。

当時、東海道・中山道いずれの街道筋も、すべて徳川方に握られており、上田は西軍にとってきわめて存在価値の高い拠点であった。

会津の上杉景勝と石田三成との通信は、上田を通って真田氏の勢力下にある沼田を経由し、会津に届けられていた。もし上田が東軍方であれば、上方と会津の通信は困難を極めたであろう。

そして三万七〇〇〇のとてつもない兵力を上田で釘付けにしたという、西軍が勝っていれば、殊勲第一といってよいほどの成果を上げたことはすでに触れた。

が、紀州・九度山に軟禁されたのは、西軍が敗れたからである。

だとすると昌幸の失敗は、西軍が敗れることを見通せなかったからであろうか。

それとも、単に運が悪かったせいなのか。

筆者は、無理だったことを承知のうえで、以下の敗因を述べたい。

真田昌幸が失敗したのは、昌幸自身が本戦に参加しなかったことである。

よく知られているように、日本全国が東西両軍に分かれて戦われた「関ヶ原合戦」は、本戦の関ヶ原のみならず、北は会津・山形から、北陸は加賀・越前、近畿周辺では近江の大津、丹後の田辺など。さらには四国や九州も全域にわたって、東西両軍による戦いが展開した。

しかし、いずれの戦線も時間差はあるものの、関ヶ原本戦で勝敗が決すると、それまでの勢いがウソのように収束していく。大坂の豊臣秀頼が家康の行動を認めてしまったのだから、西軍参加諸将にとっては戦う大義名分が失われ、豊臣家からの援助や援兵も期待できなくなった。

つまり、関ヶ原本戦でのたった一日の戦いこそがすべてであり、カール・フォン・クラウゼヴィッツがその著書『戦争論』で指摘する「重心」が、この関ヶ原であった。

「重心」に参加できなかった小国の悲しい運命

勝敗の鍵を握る地域や要素のことを「重心」と表現する。

敵軍の中核なのか、敵の首都なのか、地域なのか、敵の国内にある党派なのか。どこかに必ず「重心」が存在し、これを攻撃して勝利の確実な端緒にせよ、とクラウゼヴィッツは言う。

関ヶ原合戦に置き換えれば、それはまさに、関ヶ原本戦そのものである。なぜ関ヶ原本戦が「重心」だったのかと言えば、徳川家康と石田三成がそこにいたからである。

真田昌幸は、類い稀なる名将だが、戦いの「重心」に参加をすることはなかった。もちろん、重ねて言えば、徳川秀忠の軍勢三万七〇〇〇を本戦に参加させなかったことは、もしかしたら本戦に参加するよりも遥かに大きな功績であったかもしれない。そして、もし昌幸が上田城にいなければ、秀忠軍を足止めできなかったかもしれない。

だが勝利に直接関与しなければ、いくら間接的に局地戦で勝利しても、それは「最後の勝利」を必ずしも意味しないのである。

天正十二年（一五八四）に徳川を最初に敗北させた戦いは、戦争目的が徳川の威信を地に落として、有利な条件で和睦に持ち込むことであった。

関ヶ原合戦時の昌幸の戦争目的は、秀忠軍を西に行かせないというもので、最終勝利を他者の手にゆだねている点は、最初の対・徳川戦と同じである。

昌幸ほどの武将ならばもっと領土拡大を行い、動員できる兵力とそれを支える経済力を持ち、主体となって関ヶ原本戦に臨むべきであった。

昌幸は、与えられた状況の中で最善の選択と、最高の結果を出した。しかし自らが「重心」にはならず、また「重心」である関ヶ原本戦に参加できなかったことは、小国の悲しい運命であると言えよう。

大坂の陣で江戸に軟禁された豊臣恩顧の大名

東軍に参加した豊臣系大名たちは、「成功した」と言えるのであろうか。

加藤清正。慶長十六年（一六一一）死去。毒殺との説がある。その子・忠広は改易になり、出羽にて死去。

福島正則。寛永元年（一六二四）死去。元和五年（一六一九）、安芸《あき》広島・五〇万石の所領を取り上げられ、信濃・川中島四万五〇〇〇石に減封。その死後、福島家は領地没収（子孫はのちに旗本になる）。

加藤嘉明《よしあきら》。寛永八年（一六三一）死去。子の明成は会津四〇万石を改易される（会津騒動）。

東軍に参加した豊臣恩顧《おんこ》の大名にはこの他にも、黒田長政や細川忠興、山内一豊や堀尾吉晴らがいるが、黒田や細川は元をたどれば、豊臣と関係のない豪族や大名家であったし、山内や堀尾は、織田信長の家臣出身である。だからというわけではないが、「豊臣こそ自分が忠義を尽くすべき家」という忠誠心が際立って高かったとは言いがたい。

それに比べ、加藤清正、福島正則、加藤嘉明といった面々は大きな武家の跡取りでもなく、子どもの時から秀吉に育てられ、豊臣こそすべて、いわば「豊臣民族主義」的な存在であった。

ちなみに、加藤清正は熊本城築城でも有名だが、その熊本城の中に明らかに豊臣秀頼を迎える造りの部屋があって、清正はいざとなれば秀頼を熊本城にかくまって戦うつもりではなかったか、とも言われている。

福島正則は、大坂の陣の折には参戦させてもらえず、江戸で半ば軟禁状態に置かれていた。

大坂の、福島家が所有する蔵屋敷から八万石の米が大坂城内に運ばれるのを黙認したり、正則の甥らが大坂方に与《くみ》した。

加藤嘉明は、大坂の陣の際、やはり江戸留守居役として事実上の軟禁状態に置かれた。

これが秀吉子飼いの、豊臣恩顧といわれる大名中、飛び抜けて秀吉から可愛がられ引き立てられた大名たちの、最終的な姿である。

三成排除を最優先

加藤清正や福島正則は、こうなるとは想像もしていなかったであろう。

なぜ、計算が違ってしまったのか。

第一、豊臣秀頼のためというよりも、石田三成の排除を最優先事項にしたこと。

第二、仮に三成とその一派がいなくなっても、自分たちがいれば豊臣家は守り抜ける。そう確信していたこと。

第三、家康には豊臣家を潰すつもりがない、と考えていたこと。

第一の、石田三成の排除を最優先事項にしたこと自体は、ごく自然なことであった。政治は常に権力闘争であり、豊臣政権の中で政権から遠ざけられていた加藤清正、福島正則、加藤嘉明らにとって、権力中枢にいた石田三成たちは政敵である。互いに子ども時代から一緒に秀吉のもとで育てられたがゆえに、年齢も履歴も似通っていて、真正面からぶつかるライバルであった。

清正たちにしてみれば、三成を排除しなければ自分たちが権力を握ることはできない。そのことを三成も自覚していたから、三成は清正たちを政権から排除したのである。

外の環境がどうなっていても、内部の権力闘争はすべてに優先される傾向がある。

敗戦間近のナチス・ドイツで、ヘルマン・ゲーリングがヒトラーに指揮権を委譲するよう迫り、これに官房長官のマルチン・ボルマンが絡み、結局ゲーリングは国家元帥を解任され逮捕命令も出された。ヒトラーが自決するわずか一週間前、ドイツが降伏する十五日前である。

一見非合理的なことだが、権力闘争はこういう性質を持っているのである。それゆえ、清正たちにとって三成排除は、どんな状況下でもやらなければならなかったであろう。

第二の、三成一派がいなくなっても自分たちがいれば、豊臣家は守り抜けると確信していたのは、そう思わなければ第一の三成排除が正当化できないのである。

豊臣家が存続しなくてもいいから三成一派を排除したい、とは思わない。三成の排除と豊臣家の存続はイコールでなければならない。

しかしこれでは、自分の都合のよいように状況を判断する可能性が高くなる。その結果として第三の、「家康に豊臣家を潰す気はない」、という情報操作を受け入れてしまうのである。

家康の甘い罠

家康にはたして、豊臣家存続の気があったかどうかは定かではないが、少なくとも「秀頼さまを支えていく」ということを家康は公言しているのであり、加藤清正らが家康のその言葉を信じたい、という心理が働いたことは間違いない。

こうして、政権内部での権力闘争を正当化するために、状況を甘く判断してしまったのである。

家康にしてみれば、秀頼も豊臣恩顧の大名も健在な中で、豊臣家攻撃は絶対に口にできなかった。関ヶ原合戦前の家康の政治的戦術目標は、強大な豊臣家の中での争いを利用し、少しでも豊臣家の勢力を削ることであった。

政治の戦術目標は、相手の出方、こちらの要求水準、こちらの置かれている情勢によって常に変化する。

関ヶ原合戦後は自分に協力した豊臣系の大名を優遇して、彼らの中で家康に忠誠を誓うものとそうでない者を振り分けた。使えそうな部分を切り取って、その中からさらに使えそうな部分を残し、あとは捨てる。これが、権力を奪う者が対抗勢力にとる手段である。

権力闘争の常套手段は、相手勢力の中に手を突っ込み、内部を分裂させ、力を削《そ》ぐこと。これは、国家単位でも見られる。

すなわち、A国をB国が支配しようとしたら、まず、A国に対して、

「悪いのはA国政府である。A国国民は悪くない」

と宣伝する。

そうなれば、A国の国民は、「そうか、悪いのはわが国の政府なんだ」と言って、国内は簡単に分裂させられる。

「豊臣家は護らねばならない。悪いのは三成一派で、豊臣家は悪くない」

と家康に言われたら、加藤清正らにとって、このうえない話であった。

関ヶ原本戦で西軍が敗れたあと、大坂の豊臣家はこの論理を受け入れた。そうだ、悪いのは三成だ。自分は悪くない……。

敗戦責任を誰かに押しつけることができるならば、こんな楽なことはない。

「家康に豊臣家を潰す気はない」という家康の敷いた甘い罠に、豊臣恩顧の武将も豊臣秀頼の周辺も、まんまと乗せられたのである。

輝元の首をお持ちします

今度は、石田三成一派の大名たちを見てみたい。彼らは、戦いに対してどんな想定をしていたのであろうか。

西軍総大将の、毛利輝元。

輝元は最初、家康に従って会津討伐軍に参加しようとするが、毛利家の外交僧でもあった安国寺恵瓊《えけい》の裏工作で、西軍総大将になった。安国寺恵瓊は石田三成や大谷吉継らと協議して、「輝元を総大将にするならば」という条件で、毛利を西軍に参加せしめたのである。

もちろん毛利を総大将にしなければ、西国の諸大名は集まらないという事情もあった。家康に対抗するのに、所領の大きさや役職、家柄からいって、毛利輝元しかその任は務まらなかった。

さて。関ヶ原合戦ではいくつもの「不思議なこと」が起きるが、毛利輝元が大坂城を動かず、しかも関ヶ原本戦で西軍敗北となってすぐに大坂城から撤退したことは、その「不思議」の中の一つである。

関ヶ原本戦前、三成からは、「秀頼さまを擁して早々に出馬してもらいたい」と矢の催促があったが動かず、本戦が終わると、大坂城という天下の名城と西国にひしめく味方がありながら、一戦も交えることなく退却したのである。

輝元が大坂城を退去した理由は、

①毛利家重臣の吉川《きっかわ》広家が、徳川家康に「毛利輝元は秀頼公をお守りするために大坂城に入ったのであって、石田三成とは何の関係もない」と、合戦以前に事実上、内通していた。

②家康は吉川広家の話を聞き、「輝元がまったく関与していないことがわかって満足した」と返答。

③関ヶ原本戦で西軍敗北後、家康から「輝元に対して少しも粗略には扱わない」と約束される。

だから大坂城を退いた、というのである。「本領安堵の約束があった」とされるが、本領安堵は書状には記されていなかった。口頭で伝えられたのではないか、と言われている（本郷和人『武士から王へ』）。

輝元は名目だけの大将になって、もし西軍が勝てば豊臣政権内で最高権力者となり、負けても「名目だけ」といって逃げられると考えたかもしれない。だが、家康はそんな甘い男ではなかった。

西軍敗戦後、毛利輝元が大坂城から退くが、家康は「粗略に扱わない」という約束を反故《ほご》にして、毛利の取りつぶしを決めた。

同時に、事前に内通していた毛利家重臣の吉川広家には、二ヶ国を与える沙汰を出した。

吉川広家は、「どうか自分の代わりに毛利家に領地をお与えください」と懇願し、毛利家は中国八ヶ国・一二〇万石の太守から、周防・長門二ヶ国・三六万九〇〇〇石へと減封された。

この時の吉川広家が家康側に送った書状には、「（もし今後家康さまに逆らうことがあったら）私（吉川広家）が本家（毛利）を成敗し、輝元の首をお持ちします」とまで書いて、毛利本家を残し、輝元を助けてくれるよう懇願している。

リーダーではなくスタッフだった毛利輝元

輝元の失敗は、以下の二点に集約できる。

一つは、本気で戦う気がなかったということ。

二つ目は、輝元はリーダーでありながら、スタッフの思考しかできなかったこと。

まず、本気で戦う気があったかどうか。

筆者はこの点、輝元には戦う気がなかったと考える。その理由は、
第一に、関ヶ原本戦に参戦しなかった。

第二に、大坂城に籠城しなかった。

輝元と逆のことを考えた武将がいた。輝元の従兄弟・毛利秀元である。秀元は関ヶ原本戦に毛利軍を率いて出陣し、関ヶ原東方の南宮山に陣取った。ところが秀元は、家康に内通していた吉川広家の妨害にあって、関ヶ原本戦の戦闘に参加できなかった。

関ヶ原で西軍が敗れると、秀元に対して吉川広家が「家康殿へ人質を出して、異

心なきことを表明せよ」と迫ったが、秀元はそれを無視。大坂城にとって返すと、ただちに輝元に籠城を進言している。

普通の戦う感覚なら、秀元の判断が正しいのである。が、輝元はそれを退けた。

八ヶ国を安堵されて豊臣家が安泰ならば、また権力奪取の機会があると踏んだのである。

二番目の、「リーダーではなくスタッフとしての思考だった」というのはどういうことか。

政治闘争の場では、先頭に立って権力を得ようと戦うリーダーと、それをサポートするスタッフがいる。当然、リーダーとスタッフの政治的判断は、根本的に発想が異なる。

リーダーは、どうすれば権力を得られるのか、を最優先に考える。スタッフは、リーダーが権力を得るためにどんなサポートが必要なのかを考える。と同時に、常に、「このリーダーについていって大丈夫であろうか」という問いを自分自身に発している。

戦国時代、リーダーが滅びればどんな有能なスタッフでもよくて浪人、悪くすれば死が待っている。

だから、スタッフは本能的にリーダーを選び、そして本能的に、自分も生き残れる選択肢をリーダーに求める。

吉川広家が家康に従うよう、リーダーである毛利輝元を誘導したのは、正にスタッフとしての判断。安国寺恵瓊が西軍総大将として毛利輝元を祭り上げようとしたこともまた、スタッフとして特に問題が大きいとは言えない。

問題は、リーダーたる輝元がどちらにつくべきか、どこまで戦うべきか迷ったことにある。

家康が毛利輝元の「仮想リーダー」に

リーダーは、自分がどの方向に行くのか示さなければならない。

方向を決めるための情報収集・情勢判断はスタッフを駆使してやるべきだし、また有能なスタッフがどの方向を志向しているのかを知ることも大切で、時によってはそれを尊重してもよい。

だが。リーダーがスタッフの行動を尊重し採用するのは、リーダーが決めた方向と同じであることが条件である。そのために西軍総大将となる」。これは立派な方針である。

「自分は天下を掌握する器ではない。今回は家康の下で静かにしていよう」。これも冷静で正しい判断である。

しかし。

「もしかしたら天下が取れるかな？　でも、だんだん無理そうになってきた。やっぱりやめようかな？」

これはリーダーの発想ではない。スタッフの思考である。なぜなら、毛利輝元は、

「家康に勝てるかな？　勝てそうなら西軍総大将で戦うけれど、負けそうなら家康に従おう」

と判断をした。つまり、家康という「リーダー」に臣従するか反抗するかが機軸となっていて、自分が天下を掌握する、という目標が二の次になっている。

敵である家康が「仮想リーダー」になってしまっているのである。

家康次第で自分の態度を決めるくらいなら、最初から対立すべきではない。

ちなみに、現代でもスタッフの発想しかできない政治家が意外と多い。「自分はうまく立ち回っている」と思い込んでいるのだ。主張を変えたり、政党を自ら壊したり、渡り歩く政治家によく見られるが、しかしそういう政治家は、政治の現場では最も失敗の確率が高いのである。

家臣の命をもてあそぶ小器

リチャード・ニクソン政権で国務長官をやったヘンリー・キッシンジャーは、リーダーシップが求められる決断について、「選択の幅が狭いか、案件そのものが難しいかのどちらか」だと述べている（読売新聞二〇一二年一月三十一日付）。

輝元は豊臣政権で五大老の一人であり、一二〇万石の太守であったから、中立をとることは無理であったろう。とすれば、東西いずれかに属さねばならない。これは案件として選択肢が狭く、しかも難しいことであった。

だが、輝元はリーダーとして決断せず、自らを窮地《きゅうち》に追い込んだ。

キッシンジャーは指導者に欠かせない資質として、「勇気」と「徳性」を挙げている。キッシンジャー言うところの「勇気」とは、「先人の歩んだことのない道を行くこと」だという。

先々代の毛利元就《もとなり》以来、毛利家は中央に野望を持つことを戒《いまし》めてきた。それが中国地方を制圧するもとにもなっているのだが、しかし時代は常に変化しているのである。毛利元就の発想では対応できなくなった今、輝元はまさに、「先人の歩んだことのない道を行く」べきであった。中央への野望も、中国地方のみで生きる道も、どちらも中途半端になっていたのである。

また「徳性」については、「難局に屈しない強さを与えるもの」とキッシンジャーは言うが、それは、自分以外の者のためにどれだけ自分が役に立てるか、ということである。

ずいぶんあとのことになるが、慶長十九年（一六一四）、大坂の陣が始まる寸前。毛利輝元は、自分の縁戚にあたる内藤元盛を大坂城に入城させた（一説に、一万石の兵糧米と多額の資金も持たせたという）。

大老として仕え、今、家康に攻め滅ぼされようとしているかつての主君のために、大きな犠牲を払おうとしている姿は、さすがに元・中国地方の太守である。

これで終わればよかったのだが、話は続く。

大坂の陣で豊臣家が滅びると、輝元は内藤元盛を派遣した事実を隠すため、幕府ですら無罪放免にした内藤元盛の息子二人に、自刃を命じた。いわば証拠隠滅のため、そして幕府から嫌疑を受けないために、罪のない命を召し上げたのである。こんな覚悟のないことなら、最初から内藤元盛を派遣しなければいいのである。まさかあの状況の中で、豊臣方が勝つと思ったわけでもあるまい。

家臣の命をもてあそぶほとんど思いつきの行為は、調べていて気分が悪くなる。この一事を見ても、毛利輝元が小器であったことは明らかである。あるいは、リーダーとして不適格であったと言い換えてもよい。

小器には小器の生き方がある。

それは、自分よりも器の大きなものに従うことで、そう見ると、吉川広家が家康に内通し、家康に従うことが毛利を生き残らせる道だと判断したことは、誤っていなかったことになる。

同じ内通者なのに処分が違ったのはなぜか

最後に、西軍に属した五奉行（経験者）を見ていきたい。

その末路は、以下のようであった。

石田三成は、捕らえられて刑死。

長束正家は、自刃。

増田長盛は、所領没収後、武蔵・岩槻に軟禁。のち自刃。

前田玄以だけは、所領安堵。

（浅野長政は東軍に属した）。

ここから読み取れることは何か。

実は、徳川家康に対する宣戦布告状（「内府ちかい［違い］の条々」）には、長束正家、増田長盛、前田玄以の三人の署名がある。つまり、三人は家康に戦いを挑んだ、少なくとも表面上の共同責任があるのである。

ところが、長束正家は殺され、増田長盛は軟禁され、前田玄以は赦された。この違いは一体どこからくるのか。

長束正家は主体的に対・家康の作戦に従事し、一説では会津征伐に向かう家康一行を自らの領地である近江水口《みなくち》で迎え、油断させて暗殺する企てもあったらしい。関ヶ原本戦にも参加して南宮山に陣取ったが、毛利秀元同様、吉川広家の妨害にあって本戦に参加できなかった。

長束正家は前章で触れたように、元は織田家重臣・丹羽長秀の家臣で、理財の才があり、秀吉に乞われて豊臣政権に入った。あまり政治的な動きをする人物ではなかったようで、そういう意味では、彼らしい生き方かもしれない。

増田長盛は、三成が奉行を解任されたあと、実質的に豊臣政権の政務全般を取り仕切っていた。いわば、官房長官のような存在であった。

今でもそうだが、官房長官は行政を実際に取り仕切る。名目的には内閣総理大臣が行政の長ということになっているが、諸官庁の調整など、行政全般を差配するのは官房長官である。

それゆえに歴代官房長官には、練れていて調整に長《た》けた人物が多い。

戦前の内閣書記官長時代から見ても、「民政党の知恵袋」と言われた江木翼《たすく》、岡田内閣や鈴木貫太郎内閣の迫水《さこみず》久常、戦後では緒方竹虎、佐藤栄作、保利茂、愛知揆一、椎名悦三郎。少し前では大平正芳、鈴木善幸、竹下登、二階堂進、小渕恵三、塩川正十郎、武村正義、野中広務、青木幹雄。最近では福田康夫官房長官のイメージが強い。

福田をはじめ小渕や大平、竹下など、その後総理になった人物も多いことから見ても、官房長官が総理大臣と同じ、時にはそれ以上の情報に接し、決断を迫られることがわかる。

豊臣政権下での五奉行、特にその筆頭者には、官房長官と同じかそれ以上の能力が求められた。それは、現代のように職掌《しょくしょう》が細かく分かれていない時代だったからである。

その地位にいれば、徳川家康が本当は何を考え、何を目標にしているのか、手に取るようにわかったはずである。

そこで石田三成は家康を滅ぼそうとしたが、増田長盛は違うことを考えた。すなわち、「家康には勝てない可能性が高い」、と判断したのである。だから表面上は西軍指導部にいながら、西軍の内部情報を家康に通知し続けた。

前田玄以もまた、三成の挙兵から逐一、家康に通報した。

増田長盛と前田玄以の処分が異なったのは、前田玄以が織田信忠の遺児（のちの秀信）を本能寺の変で救い出したことや、五奉行の職掌の中で、寺社や公家関係を担当していたことを利用する思惑、あるいは関ヶ原合戦では最後まで出陣しなかったことなどが考慮されたと考えられている。

父の汚名を晴らすため

それにしても、こんな妙なことがあっていいものか。戦争をするぞ、と宣戦布告した相手に、その布告を出した首脳部三人のうち二人も内通していたとは……。

本領安堵された前田玄以はともかく、増田長盛のその後は悲惨である。官房長官として辣腕《らつわん》を振るっていながら家康に内通し、そのあげくに領地を召し上げられて軟禁された。東軍に参加した諸将からも蔑《さげす》まれ、増田長盛の不遇を助けよう、という動きはほとんどなかった。

長盛は一体何を考え、何を期待して内通したのか。

よく目にする論調は、「万が一西軍が敗れた場合のことを考えて、家康に情報を提供していた」というものだが、筆者は、長盛が最重要機密の情報に接することができる地位にあったことを考えると、「この戦いは負けるかもしれない」と、最初から思っていた、という気がする。

大坂城で留守居役をつとめ戦場に出なかったのは、負け戦に巻き込まれるのを恐れたためではないか。

しかしそうだとすれば、あまりにも中途半端な処置であり、しかも卑怯な行動であった。

増田長盛の内通行為を「生き残るため」と弁護するならば、筆者は、「生き残るためならば死ぬ気で戦うべきだった」と言いたい。命や家を護るのに命を賭けないということが、はたして戦時に可能なのか。答えは、増田長盛や毛利輝元を見れば、すでに出ていると言えよう。

増田長盛の息子・盛次は、関ヶ原合戦後、尾張徳川家の祖・徳川義直の家臣になり、大坂冬の陣では義直に従って戦い、軍功を上げた。

ところが。

何を思ったか盛次は義直のもとを去って、大坂城に入城。大坂夏の陣では豊臣方として長宗我部盛親《もりちか》軍に属し、戦死した。

あるいは、父親の汚名を晴らしたかったのかもしれない。

増田長盛は、息子・盛次の死から二十日後、軟禁先の武蔵・岩槻で自決した。

第5章

なぜ秀頼は豊臣家を守れなかったのか

「誹謗中傷」を放置した徳川幕府と家康

筆者が高校一年の時。

司馬遼太郎の『城塞』を読んで、どうしても方広寺《ほうこうじ》の梵鐘《ぼんしょう》を見たくなり、京都に出かけた。方広寺は東山のふもとにある天台宗の寺だが、思ったほど大きな規模ではなかった印象がある（明治になって収公され、かつてより狭くなっている）。

その境内に、重さ八〇トン以上あるという鐘が、釣られていた。

鐘の上のほうに二カ所、小さく、白い塗料で囲まれた場所が見える。

「国家安康」

「君臣豊楽」

の文字。

これが、豊臣家を滅ぼす戦いの契機になった文言である。

「国家安康」は、「家康」の「家」と「康」を切り離している。不吉であり、無礼ではないか、という。

「君臣豊楽」は、「豊臣を君（主君）として楽しむ」という意味ではないのか、と、徳川方は不快感を示した。

徳川家康はこの文言をきっかけにして、豊臣家殲滅《せんめつ》戦を開始するのである。「方広寺鐘銘《しょうめい》事件」についてはあとで詳しく触れるが、一つだけはっきりしている事実を述べたい。それは、家康が怒った鐘が、現代も残っているということ。不吉で無礼だと怒り、戦国時代最後の大合戦の要因となった文言がそのままの状態で、残っているということである。

徳川支配の江戸時代も、まるで何事もなかったかのように、鐘銘は残り続けた。そんなばかなことがあっていいものか。

たとえば近所の公園の記念碑に、あなたを誹謗中傷《ひぼうちゅうしょう》するようなことが彫られたとする。あなたは頭にきて、謝罪と石碑の撤去を求めるだろう。ところがその石碑をつくった前の町内会長が、揉《も》めている最中に心労で死んだ。あなたは、「やれやれ」といって、石碑を放置するだろうか。

ありえない。

「チベット侵攻」の理由と方広寺鐘銘事件

しかし、家康は、徳川家は、この鐘を鋳潰《いつぶ》さなかった。

ここから読み取れることは二つ。

一つは、大坂の陣が終わって豊臣家が滅びたあと、徳川を脅かすことのできる勢力は残っていなかった、ということ。だから、鐘はどうでもよかった。

もう一つは、これが「言いがかり」でしかなく、本気で怒っていたわけではない、ということ。だから、開戦理由であった鐘を残しておいても、徳川にとっては痛くも痒《かゆ》くもなかった。

つまり理由なんかどうでもいい、とにかく豊臣を潰すことが、徳川における最重要の政治目標になっていたのである。

古来、戦争を仕掛ける側は、どんな手を使っても侵略を試みる。

たとえば、チベット。

ここは有史以来一度も、中国の一部になったことはない。その中国が、どうやってチベットに侵攻したのか。

一九四九年。

「帝国主義者の手からチベットを解放する」

と称して、武力侵略を開始した。チベットは外国の帝国主義者に侵略されているから、それを救いに行く、というのである。

ところが当時のチベットには、外国人はわずか八人しかおらず、それもラジオの技師や登山家たち。とてもではないが、彼らがチベットを侵略するための要員、「帝国主義者」とは誰も思わない。が、無茶を承知で中国は、圧倒的な軍事力によってチベットを侵略する（マイケル・ダナム『中国はいかにチベットを侵略したか』）。

こういう「あり得ない」理由でも、戦争を、侵略をしたいという者は、平気で無茶な理由をつけてくる。徳川家康もまた、その一人であった。

大坂落城後に出てきた莫大な金銀

徳川家康は、いつ、豊臣家を滅ぼそうと決断したのか。

政治状況は常に動いており、事態は固定していない。だから、関ヶ原合戦後の徳川と豊臣の関係も、一見固定的だが、時期によってまったく関係は異なる。大きく分けると、以下の四つに区切ることができる。

第一期は慶長五年（一六〇〇）の関ヶ原合戦から、慶長十年（一六〇五）の徳川秀忠が征夷大将軍に就任した時まで。

第二期は、そこから慶長十四年(一六〇九)、篠山・亀山に譜代大名を配置した頃まで。

第三期は、二年後の慶長十六年(一六一一)、二条城で豊臣秀頼と徳川家康が会見を行った時。

そして第四期は、慶長十九年(一六一四)の、方広寺鐘銘事件を経ての開戦まで。

これから各時期別にお話しする前提として、二つのことを確かめておきたい。

というのも、家康は大坂の陣で日本全国の大名に動員をかけ、その数二〇万とも言われているが、それだけの兵を用意し、半年もかけて潰さねばならなかった豊臣家には、当然家康を「本気」にさせるだけの①資本や②権力を持っていたと考えるのが自然である。それは一体どんなものだったのか。

平たく言えば、家康を恐れさせた、豊臣家の力とはどんなものであったのか。

まず、①資本(財産)。

豊臣家の持っていた資産の正確な数字は明らかになっていないが、豊臣方が死力を出し切って敗れ、大坂城が落城したあとなお、黄金二万八〇六〇枚、銀二万四〇〇〇枚余が焼け跡から見つかっている。

重ねて言うが、「敗れたあと」で、これだけあった。

家康は、秀吉の死去後、豊臣家の財力を恐れさまざまな支出を強いていた。

延暦寺横川中堂や醍醐寺《だいごじ》三宝院、相国寺法堂、北野天満宮や大坂四天王寺等々。

豊臣家が出資した多くの寺社のうち、現在も残っている建造物は、ほぼ例外なく国宝や重要文化財に指定されていることからもわかるように、建造に要した額は、中途半端なものではない。さらに言えば、熱田神宮造営時には加藤清正が豊臣家に対する助力（資金援助）を申し出たが、家康は「勧進《かんじん》（寄付）に及ばず」と、豊臣家の出費に対する援助を禁じているのである。

豊臣秀頼は「名目上」の権力は持っていた

秀吉存命中の話だが、聚楽第《じゅらくだい》での「金配り」も有名である。天正十七年（一五八九）、聚楽第南門の内側に二町（約二二〇メートル）の間ぎっしりと台を置き、ここに金銀を積み上げて、全部で三六万五〇〇〇両を朝廷の廷臣や大名たちに配ったのである（この時代の一両を三〇万円として換算すると、現在の価値にして一〇〇〇億円を超える）。

前年の天正十六年（一五八八）に後陽成《ごようぜい》天皇が聚楽第に行幸した際には、地子銀《じしぎん》（土地税）五五〇〇両余を進上し、また、大茶会や花見など、金のかかることをいくらでもやれる、そういう財政状況であった（所領は二二〇万石超だが、生野銀山、多田銀山を支配し、各地の大名からは、所有する金銀山から莫大な運上を得ていた）。

また関ヶ原合戦後、「豊臣家は摂津・河内・和泉三カ国、六五万石の一大名に転落した」と言われているが、最近の研究（笠谷和比古『関ヶ原合戦と大坂の陣』ほか）では、豊臣家がかつて各大名家の領地の中に少しずつ持っていた蔵入地《くらいりち》（豊臣家直轄領）が、関ヶ原合戦後も豊臣家のものとして残っていたと言われている。

つまり関ヶ原合戦後、秀吉が貯め込んだ莫大な財産と、三カ国の領地から上がってくるもの以外にも、豊臣家には収入があったということである。

②の、権力についてはどうか。

関ヶ原合戦後、実質的な政治権力は徳川家康に移行していくが、しかし、なお名目上の権力者は豊臣秀頼であった。

その傍証《ぼうしょう》として、関ヶ原合戦後の論功行賞で不思議な事態が起きていた。

領地の宛てがい状（領地宛行の判物など）が、一切出されていないのである（笠谷和比古『関ヶ原合戦と近世の国制』）。

お前には今度この領地をやる、という、もらう側にとって重要な書類が、発給されていないのである。

これは、何を意味するのか。

もし領地の宛てがい状を出せば、その発行者は「豊臣秀頼」になる。なぜなら、徳川家康は豊臣家の重臣として上杉や石田三成らと戦ったことになっていたからで、家康は形の上では秀頼の代行者なのである。

そこで家康は、宛てがい状を出さなかった。「お前には〇〇国〇〇万石をやる」と、使者に口頭で伝えさせたのである。

この一事を見ても豊臣秀頼の権力は、関ヶ原合戦で「無」になったわけではないことがわかる。ただしかし、それが「名目上」であったことは否めない。

豊臣家は一時的に西国を統治した

それでは、豊臣秀頼と徳川家康の関係の第一期、すなわち、慶長五年（一六〇〇）、関ヶ原合戦後から慶長十年（一六〇五）までを見ていこう。

慶長五年、関ヶ原合戦で石田三成方である西軍は負け、豊臣秀頼は「あずかり知らぬこと、三成が勝手に挙兵した」という理屈で、処罰を免れた。

この時、冷静に事態を判断できる者が大坂城内にいれば、「大坂城で一戦構える」という選択をしたであろう。少なくとも、西軍総大将である毛利輝元をそのまま城内に留め置き、関ヶ原敗戦組を収容し、「戦線の再構築」をして再び戦える態勢にできた。そうなれば家康も手を出せず、悪くしても西軍大名の罪は問われないで済み、毛利や上杉の減封も、ほとんどなかったかもしれない。

現に大坂冬の陣の和睦《わぼく》では、大坂方の将兵は罪に問われていない。

大坂城内に、冷静な判断ができる有能な人物はいなかったのか？

石田三成のような、家康と天下を競える人物はいなかったが、しかしこの後に豊臣家の政治を総括する片桐且元《かつもと》などに比べれば、はるかに政治に長《た》けた人物はいた。

前田玄以《げんい》や増田長盛ら、である。

ところが。前田玄以はとっくに家康に内通していたし、増田長盛も同じで、他の家臣たちも「どうやって身を守るか」というほうにばかり頭がいってしまっていた。

西軍内で「大坂籠城《ろうじよう》」を主張したのは毛利秀元などごく少数で、籠城は城内世論にはならなかった。こうして家康は毛利輝元を大坂城から追い出し、自ら上方におよそ一年間滞在して、天下の政務をとることになる。

戦後の論功行賞では、家康自身が四〇〇万石の大身になったことを除くと、総じて豊臣恩顧《おんこ》の大名に手厚い行賞であった。

特徴的なのは、豊臣系大名を西国に集中させて、しかも西国に徳川の譜代大名を入れなかったことである。

これをもって笠谷和比古氏は「(こうした処置は)家康および徳川幕府による直接的な統治を差し控えるという態度の現れ」(『関ヶ原合戦と大坂の陣』)と見て、豊臣家によって西国を間接的に統治しようとしたのではないか、と述べている。

形としては、室町幕府が東国を直接支配するのではなく、鎌倉に関東公方《くぼう》を置いたようなものではないか、ということである。

さらには、秀吉もかつて東国支配を家康に委託していた、と指摘する。

筆者は、家康が当初、豊臣家を尊重し豊臣家が立ち行くよう考えていたことに異論はない。なぜならば、そうすることが徳川家にとって最良の政治選択だったからである。関ヶ原合戦後しばらくの間、わざわざ勢力のある豊臣系の大名たちを敵に回すほど、徳川に余裕はなかった。

しかし、西国の支配まで豊臣家に委託するというのは、少なくとも徳川の長期的な目標ではなかろう。西国を支配できるということは、いつでも東国（徳川）と対決できるということで、そんな体制を家康が望むわけがない。西国に豊臣系の大名を集中させ、徳川譜代大名を挑発的に配置しなかったのは、あくまで一時的なものだったと考える。

とりあえず豊臣家を潰す意思はなかった

関ヶ原合戦の三年後。慶長八年（一六〇三）、家康は征夷大将軍に就任する。ここでまず家康は、「豊臣家代理人」から「徳川将軍」という、別の政治体制の頂点に座った。筆者は、「いずれ再び天下を統治できるかもしれない」という期待のあった豊臣家の政治権力は、家康の征夷大将軍就任をもって徳川に移動したと見ている。

家康は征夷大将軍になった二年後の慶長十年に息子の秀忠に将軍職を譲り、この時点で家康が秀頼に政権委譲するつもりがなくなった、という論者も多いが、政治権力というのは、基本的に他者から譲られるものではない。

何より、政治権力は他者に強制できる力である。言い換えるなら、何事も命じることができる力である。そんな力を持った徳川家康が、どうしてわざわざ、命令できる相手（豊臣秀頼）に権力を譲り渡さなければならないのか。

そういう意味で、家康の征夷大将軍就任時に、政権は確実に移動したのである。ただし、家康は自分が征夷大将軍になった時には秀頼を内大臣に、秀忠が征夷大将軍になったほぼ同時期に、秀頼を右大臣にさせている。

さらに慶長八年、家康が征夷大将軍になった年に、秀忠の娘・千姫を秀頼に嫁がせて、両家の結びつきを強くするような動きも見せている。

一体、家康は豊臣家と融和するのか対立するのか。

この時期の家康の、豊臣家に対する態度のいずれかを強調しすぎると、彼の狙いがぼけてしまう。

政治工作は通常、幾通りもの複線をなしているものである。単純に潰す、とか、融和する、とか、そんな政治は少ない。特に対外政策ではそうである。

潰すか融和するか、どちらかに傾くのは、機が熟してから。それまでは相手を懐柔し、内部分裂をさそい、勝てそうなら勝負に出るし、負けそうならしばらく融和の姿勢を示す。

家康の頭には、かつての豊臣政権下での織田家同様、豊臣家が自分（徳川）の家臣になるのなら生かしておこう、さもなくば潰す、と常に考えていたはずである。いずれにしてもこの第一期、徳川秀忠が二代将軍になった時点までは、家康に豊臣家を潰す明確な意思はなかったと考える。ただし繰り返すが、この第一期の時点ですでに、政治権力は完全に徳川に移っている（秀忠が征夷大将軍になった時には、秀頼に対し祝儀に伏見までくるようもちかけている。秀頼側は拒否）。

西国への介入を強める徳川幕府

第二期に入ると、家康は豊臣家を尊重しつつ、具体的に豊臣家に対する対抗措置を取り始める。

慶長十一年（一六〇六）、家康は江戸城の普請を西国の豊臣系大名らに命じる。

これは「天下普請」といって、公的な命令である。この普請奉行の中に、二名の豊臣家家臣が含まれていて、しかも豊臣家自身はこの普請への負担はなかったため、「徳川・豊臣の共同統治の一つ」と見られなくもない。そして豊臣家から派遣された普請奉行の役目が西国の豊臣系大名の監督だとすれば、まさに徳川・豊臣の共同統治であろう。

しかし、以下のような見方もできる。

なるほど秀頼に「江戸城普請で負担を負え」とは言っていないが、別な意味で豊臣家を利用したのではないか。

まだ完全に徳川に服したとは言い切れない西国大名たちに対して、豊臣家の責任で普請をちゃんと監督せよ、と、豊臣の「影響力」を徳川は単に利用しているにすぎないのではないか、ということである。

慶長十三年（一六〇八）には、伊達政宗に「松平」の姓が許された。政宗はすでに秀吉から「羽柴」姓を与えられているが、もちろんこの時には、喜んで松平姓を受けた。

同じ頃、浅野、黒田、蜂須賀、前田、山内といった豊臣系大名で、やはり「羽柴」姓などを秀吉から与えられた大名に対し、将軍職にあった徳川秀忠から「松平」姓が与えられている。

慶長十四年（一六〇九）。丹波《たんば》・八上《やかみ》の前田茂勝が改易された。五奉行の一人・前田玄以の次男で、家督を相続していたが、精神的な問題で多くの家臣を手討ちにするなど目に余る所業が重なっていた。

この丹波・八上に、家康は松平康重を、また、丹波・亀山に岡部長盛を配置した。

二人とも、徳川の譜代大名である。

「慶長十四年を境として（中略）従前の西国＝豊臣自治圏とする不介入政策を転換」（笠谷和比古『関ヶ原と大坂の陣』）

という指摘がある。

おそらく、西国に空きができた、さあどうしよう、ということではなく、すでに徳川の譜代大名を西国に置くことが計画はされていたのであろう。

この頃の徳川幕府の動きは、慶長十三年に永楽銭の使用を禁止（銭貨相場の安定）し、慶長十四年には西国大名から五〇〇石積以上の大型船を没収して、朱印船貿易から西国大名を排除するなど天下の政治を行うとともに、西国への介入を強め、着々と対豊臣戦略を進めている。

見せつけられた豊臣恩顧の大名の忠誠心

第三期は、慶長十六年（一六一一）、二条城で豊臣秀頼と徳川家康が会見を行った時である。

秀頼、十九歳。

家康、七十歳。

二条城の会見には、三つの政治的要素があった。

第一に、ずっと会見を断り続けてきた豊臣秀頼がこれを受諾し、徳川の城である二条城に赴《おもむ》いた、ということ。徳川が豊臣より政治的に優位な立場に立った、とアピールすることになった。

そこで臣下の礼をどちらがとった、とらない、いや対等の立場であった、という議論があるが、重要なのは家康が大坂城に出向いたのではなく、秀頼が徳川の二条城に行ったことである。

加藤清正ら豊臣系大名が決死の覚悟で秀頼を守った、という事態から見て、秀頼が二条城に赴くことが危険を伴う行為であったことがわかる。

だから最初は拒絶反応を示していた淀殿（秀頼生母）を、加藤清正らは「自分たちが守るから」と説得し、ようやく承知をさせた。

加藤清正はずっと秀頼に付き添い（浅野幸長も同席したとの説もある）、何かあればいつでも自ら盾になるつもりでいた。また福島正則は大坂城で、危機の場合すぐ対処できるよう待機していた。

二条城会見の政治的要素の第二は、この加藤清正や福島正則、浅野幸長といった豊臣恩顧の大名たちの動きである。

周知のように、彼らは関ヶ原合戦時には徳川方に属して大活躍し、戦後、加藤清正は肥後・熊本五二万石、福島正則は安芸・広島四九万八〇〇〇石、浅野幸長は紀伊・和歌山三九万五〇〇〇石の大大名となった。各々、九州、中国、近畿であり、彼らが秀頼を擁して立ち上がった場合、徳川にとっては容易な事態ではない。

つまり家康は二条城会見で、なお強く豊臣家を思う大名たちの忠誠心を見せつけられたのである。

そして会見の政治的意味の第三は、秀頼の成長ぶりである。

家康が死んだらどうなるか

食事をしながらの会見で、家康と秀頼のほかに、加藤清正と、秀吉の正妻・高台《こうだい》院《いん》（おね）が同席した。およそ二時間というから、それなりに会話を行っている。家康ほどの人物が、この時間のうちに秀頼の賢愚を計れないわけがない。

何よりも七十になった自分の姿と比較し、秀頼の若者ぶりに何かを感じたに違いない。

政治体制として、徳川は幕府機能を強化していたが、家康が亡くなればそこに力の空白が生まれる。

豊臣秀吉はその死に際し、繰り返し秀頼に忠誠を誓うよう、諸大名へ誓紙を書かせた。その中にはもちろん家康も含まれており、家康は秀吉に直接、秀頼のことを頼まれていた。

いかに病んでいても、天下の覇権《はけん》を握った秀吉には自分亡きあと、秀頼の最も危険な相手が誰であるかくらいわかっていた。だから家康のいる江戸から大坂に向かう街道筋には、秀吉が信頼を置く豊臣系大名をずらりと並べていたし、大老として家康に対抗するため、前田利家、宇喜多秀家を優遇した。

五奉行に忠臣とたのむ石田三成や親族である浅野長政を配したのもまた、対家康政策の一環でもあった。

それでも、秀吉が亡くなった瞬間から豊臣家の政治力は減退し、関ヶ原合戦、徳川家康・秀忠の征夷大将軍就任を経て、政治的に豊臣は権力を失った。

今もし家康自身が死んだ場合、徳川幕府はどうなるのか。

力が衰えることは間違いない。

豊臣系大名への懐柔策という意味もあって、家康は秀頼の官職を上げていった。二条城会見の段階で、秀頼は「右大臣」である。やがて父・秀吉のように関白になることはもはや自明であった。

そうなれば、実際の実力はともかく、官職の上では徳川の征夷大将軍よりも秀頼のほうが上になる。

西国大名たちからの支持、高い官職、そして家康の死が重なれば、おそらく天下は再び争乱の時代となり、徳川の権力基盤は危ういと考えても不思議ではない。

徳川幕府は二条城での家康・秀頼会見の直後、全国の大名に対し、「三箇条の誓紙」を提出させた。

「江戸より仰せ出さる御目録は、いよいよ堅くその旨を守るべき事」

秀忠将軍から発せられる諸法度《しょはっと》（法）を、きちんと守れ、といったことをはじめ、のちの武家諸法度の原型とも言われるものである。

秀頼を二条城に引っ張り出し、他方、大名たちには徳川への忠誠を誓わせる。

筆者はこれを、「家康が死んだらどうするか」という徳川の、危機感の現れであると見る。

二条城での会見は、こうしたさまざまな政治的結果を生み出し、そしてついに、最終局面へと動いていくのである。

どんな形でも衝突は避けられなかった理由

第四期、二条城の会見からわずか三年。

冒頭で触れた方広寺の鐘銘をめぐって、ついに豊臣と徳川は全面衝突した。

鐘銘事件の経緯は既に触れたように、鐘に刻まれた「国家安康」「君臣豊楽」の文言が問題になったのだが、笠谷和比古氏の指摘によれば、これを書いた東福寺の僧・清韓《せいかん》は、どうも意識的にこの二つを書いたのではないか、徳川方の言いがかりではなく、「向こう（筆者註・豊臣方）からやってきた問題」だという（『関ヶ原合戦と大坂の陣』）。

特に加えさせてもらうならば、これがたまたま起きた問題だとしても、いずれなんらかの形で徳川は対豊臣の戦端を開いたであろうというのが、筆者の考えである。

日中戦争（支那事変）の端緒となった、盧溝橋《ろこうきょう》事件。

昭和十二年（一九三七）七月七日、北京西南の盧溝橋付近で夜間演習中の日本軍に、中国軍が発砲。その後交渉が行われるが、結局これを機に日中は全面戦争に突入していく。だが、中国側からの発砲がもしなかったとしても、当時の日中関係の中でいずれは起きた衝突、という見方が強い。

方広寺鐘銘事件は、きっかけさえあればいつでも豊臣を潰そうと考えていた徳川にとって渡りに船で、銘文を書いた清韓がどんなつもりだったかはわからない（清韓自身は「悪意はない」と事情聴取で述べている）が、見事に徳川に利用された。

「大仏鐘銘に関東不吉の語あり」

元々は豊臣秀吉が着工し、文禄五年（一五九六）の大地震で壊れた方広寺大仏殿の再建。同時につくられた梵鐘であったが、大仏の開眼供養は鐘銘事件があって、徳川からの許可がおりずに延期になった。

豊臣側にとっては寝耳に水の出来事で、ただちに片桐且元が家康のもとに派遣され、弁明に努めた。

ここで、片桐且元について少しだけ触れておきたい。

「賤ケ岳《しずがたけ》の七本槍」の一人で、関ヶ原合戦後は豊臣家の事実上の「首相」的な立場であった。ただし現在の韓国の首相と同じで、その機能は淀殿という「大統領」や大野治長《はるなが》といった淀殿側近たちの下に置かれ、決して大きな権力を持つことはなかった。

ただ、外交案件や裁判に関する取り扱いをしていたらしく、本人の力量次第では豊臣家の中で大きな勢力になり得たであろうし、そのくらいの器量があればまた、家康に手玉に取られることもなかったであろう。が、且元には、そこまでの器量はなかった。

しかしこれは、片桐且元を責めるべきではない。

大坂の陣四年前にはすでに懐柔されていた片桐且元

まず、且元は徳川から領地を与えられた豊臣系の中小大名の一人にすぎない（曽根勇二『片桐且元』）。豊臣家の家老ではあるが、他の大名同様、徳川と君臣の主従関係を結んでいた。それゆえに、豊臣家への忠誠心もあるが、当時の「公儀」である徳川との関係悪化も望んでいない。

そして何より、元々政治的な力量がないから、「賤ヶ岳七本槍」の中でも出世が遅れていたわけで、そういう人間を家老として活用せざるを得なかったところに、豊臣家の人事的硬直を感じるのである。

残念ながら片桐且元はごく普通の官吏的大名であって、政治家ではなかった。

大坂冬の陣が始まる四年ほど前の慶長十五年。且元は何かの返礼で駿府《すんぷ》に行って家康と面会し、お茶でもてなしを受けた。続いて江戸に行って将軍・秀忠に面会すると、これまた丁寧に対応されたうえ、米三〇〇俵を贈られ、秀忠から「しばらく江戸にいたらいい」と、歓待され続けたようである。

且元はこのことを旧知の朽木元綱に手紙で書き送っているが、自慢話なのか報告なのか不明ながら、すでにこの時期から徳川方に懐柔されている様子が窺《うかが》える。

この且元が方広寺鐘銘事件の弁明をする。

なんとはなく、結末が見えるのである。

家康はここで、現代から見てもあくどく、しかも絶妙な手を打って開戦理由をつくり出す。

すなわち家康は懐柔している且元に対して、これまでとまったく違って会おうともせず、困惑している且元のところへ、本多正純《まさずみ》と金地院崇伝《こんちいんすうでん》を行かせた。

且元は「秀頼様が徳川に弓を引くことは絶対にない。そういう誓詞を出すということでどうでしょう」と尋ねるが、本多正純らから聞く家康の答えは「そんなものでは済まない」ということだった。

ではどうすれば赦してもらえるか、という且元の問いに対し、家康は、「且元自身が考えろ」と言ってきた。

そこで且元は、（1）秀頼母子が大坂城を出て国替えに応じるか、（2）秀頼が江戸に行くか（江戸参勤）、（3）淀殿を江戸に住まわせる（人質）、という三案をもって、とりあえず大坂に復命しようとする。

これは且元が自分で考えたのか、本多正純あたりが入れ知恵をしたのかはよくわからない。しかし且元はおよそ一ヶ月近く駿府に滞在して交渉を行っていたから、金地院崇伝や本多正純らの言葉のはしばしから、こうした条件を探り出したのであろう。

素人集団を手玉に取る家康

一方大坂城では、且元が帰ってこないことに業を煮やした淀殿が、大蔵卿局《おおくらきょうのつぼね》や正栄尼《しょうえいに》、二位局《にいのつぼね》を且元とは別に駿府に派遣した。

大蔵卿局は淀殿の乳母で、秀頼側近・大野治長の母。正栄尼は秀頼の乳母で、秀頼側近・渡辺糺《ただす》の母。二位局（阿古御局《おこごのつぼね》）は秀頼の侍女。

要は、淀殿お気に入りの政治素人集団である。

これまた、家康の利用するところとなった。

おそらく家康は、この女性交渉団の派遣は予想していなかったのではなかろうか。

家康としては、単純に且元を翻弄して豊臣方に且元を誤解させる。且元に「徳川の回し者」というレッテルを貼って豊臣に且元を攻撃させ、それを理由に出兵する腹づもりであったろう。しかし、思いのほか且元が粘り腰だったため、豊臣と徳川の交渉は時間がかかった。

そこへ、淀殿からの使者である。鴨がネギをしょって来たようなものである。

家康は且元の時とは打って変わって、自ら大蔵卿局たちに会った。

「淀殿もご心痛だろうが、何も心配することはない」

といって、且元に対するのとはまったく逆の、丁寧な対応をしたのである。

家康は詰め将棋のように、一駒一駒を動かしていく。

このあと駿府から大坂に戻る途中で、片桐且元と大蔵卿局一行は近江の土山宿で一緒になった。そこで大蔵卿局は且元の宿を訪ねて片桐且元から話を聞くと、自分たちが言われた融和的な話とまったく違うのである。

大蔵卿局たちは、片桐且元の裏切りを疑った。

大坂からの退去、秀頼の江戸参勤、淀殿の江戸在住（人質）など、大蔵卿局たちにとってはどれ一つ許容できる内容ではなかった。且元が徳川に対して功を上げるため豊臣を裏切った、と解釈したのである。

大蔵卿局は「すぐに淀殿に知らせなければ」、ということで宿を発ち、且元より先に大坂へ入った。

淀殿に対して、且元が考えている三条件を報告し、自分たちが家康に会って話を聞いたのとはまったく違う、且元はこれら三条件のどれかを実現して、自分の手柄にするつもりではないか、という趣旨の話をした。

淀殿は激怒した。

秀頼も、復命した且元の話を一応聞くふりはしたが、すでに「且元は裏切り者」という認識だから素直に話が聞けない。

大野治長らは且元を殺し、兵を挙げることを決めた。

「マッカーサー参謀」の「情報とは」

淀殿や大野治長たちの不明を批判することはたやすい。しかし、大蔵卿局たちの話を信じ、その裏返しとして且元に不審を抱いた理由はある。

第一に、且元は故意かどうかわからないが、家康本人に会っていない（曽根勇二氏は「且元の方が、当初から家康に会うつもりがなかった」と述べている『片桐且元』）。直接家康に会って話を聞いた大蔵卿局のほうが、圧倒的に説得力がある。

第二に、先ほども触れたように、且元は徳川方に懐柔されていてたとえば贈り物を受け取っているわけだが、「米三〇〇俵」など、今のワイロとは違いかなり目立つ。つまり「且元は徳川に買収されているのではないか」という疑いの目を持たれても仕方のない状況でもあった。

さらに加えて言うなら、淀殿としては聞きたい話に耳を傾け、聞きたくない話に耳を塞《ふさ》いだ、ということもある。

自分が欲している情報は受け入れ易く、逆に、嫌だと思う情報は受け取りにくいのが人情である。政治の実務に精通しているとは言いがたい淀殿にとって、片桐且元が提示する受け入れにくい三条件より、大蔵卿局の、「家康は怒っていない」という情報のほうが聞き入れやすい。

この時点で、豊臣方にとって何が大切であったろうか。

大本営陸軍第二部（情報部）の参謀として、「マッカーサー参謀」の異名をとった情報将校がいる。堀栄三。フィリピン戦線で、マッカーサーの次の一手をすべて的中させたところからつけられたあだ名だが、堀は「情報」に関して、「情報は二線、三線と異なった複数の視点の線の交差点を求めないと危険なことになる」

「（情報は）まず疑ってかからねば駄目である。疑えばそれなりに真偽を見分ける篩《ふるい》を使うようになる」（『大本営参謀の情報戦記』）

と述べている。

多方面からの情報を得ると同時に、すべての情報を疑ってかかる。

淀殿は、片桐且元の情報は疑ってかかったが、大蔵卿局の情報はこれを信じた。信じるに足る状況（大蔵卿局は直接家康に会っている）ということがあったにしても、少なくとも家康自身を疑ってかかることは必要ではなかったか。

敵発信の情報を信じ、家臣の情報を信じなかった淀殿

淀殿は無意識のうちに徳川家康と片桐且元、敵対勢力と自分の家臣の情報を比べていた。

大蔵卿局情報はすなわち、「家康直接の発言」。

片桐且元情報はすなわち、「且元が交渉し考え出した条件」。

そしてあろうことか、自分の家臣（片桐且元）ではなく、敵対勢力の親玉（徳川家康）の言うことを信じたのである。

情報操作にはさまざまな方法があるが、伝達をする人間によって情報の信頼度が変わることはよく知られている。

「あいつが言うんだから間違いない」

「彼の言うことは信用できない」

同じ情報でも、伝える人物そのものの信用が薄いと、情報まで疑われる。

且元の場合、信頼や信用に加えて、且元に対する「好悪」の感情があったのではなかろうか。淀殿側近である大野治長と片桐且元は仲が悪かったと伝えられてい

る。

豊臣と徳川の間で交渉を行っていた且元は、豊臣に対しては当然徳川幕府の意向を伝える。徳川の意向とはすなわち、豊臣に対して色よいものではない。大坂城で報告を聞く者たちにとって、片桐且元はまるで幕府の回し者のように見えたはずである。

嫌いな相手の長所は極小化し、短所は極大化する。

且元がどんなに誠実にまじめに交渉を行おうと、彼を嫌っている人間から見れば、

「まともに成果も上げずに、徳川から贈り物なんかもらいやがって」

と見えてしまう。

そうなると且元のほうも、元々器の大きな人間ではないから、悪口を言われながら働いていているとだんだん嫌になってくる。しかも、敵対勢力であるはずの徳川家に行くと、駿府でも江戸でも、いつも丁重で親切にしてくれる。

この状態が続くと悪循環で、且元の心はどんどん徳川に行き、淀殿たちの心は猜疑心に満ちあふれていくのである。

豊臣方の使者を斬り殺す豊臣恩顧の大名

大蔵卿局の話は、「家康はそんなに怒っていない。大丈夫」。

片桐且元の話は、「事態を収めるには大坂からの国替え、秀頼の江戸参勤、淀殿が人質となって江戸に行く、このどれか」。

淀殿たちは大蔵卿局の話を信じた。必然的に、片桐且元を「裏切り者」と見た。淀殿を徳川に引き渡し、そのことをもって自分の手柄にしようとしている、そう、曲解したのである。

大野治長らは、片桐且元殺害を企図するが、それを察した且元が弟の居城・茨木城に立てこもり、豊臣方はこれを討つため軍勢を差し向けることに。

家康は、且元が大坂城を退去した慶長十九年（一六一四）十月一日、豊臣討伐の命令を下して、三河・遠江・美濃・尾張・近江・伊勢にまず出陣を促した（その後、全国に）。

淀殿たちはどの時点で、大蔵卿局と片桐且元、両者に対して家康がとった態度の違いに気がついたのかはわからない。

しかし、結局最後まで且元は信用されなかった。

豊臣方は十月二日、軍備を整え始めた。

諸大名に対する呼びかけでは、伊達政宗や島津家久、佐竹義宣《よしのぶ》といった、豊臣政権時代も外様であった大名。福島正則、加藤嘉明《よしあきら》、藤堂《とうどう》高虎ら、かつての豊臣系大名の生き残り。

そして、豊臣系大名の子孫である黒田長政、浅野長晟《ながあきら》、池田忠雄《ただかつ》、加藤忠広、蜂須賀家政、前田利常などであった。

黒田長政や藤堂高虎は秀吉の死後、徳川色を明らかにしていたし、豊臣系大名の子孫たちはみな、豊臣家に対する思いがそれほど強くない。

あえて挙げれば、福島正則や加藤嘉明といった秀吉子飼いの生き残りだが、彼らは徳川に警戒されて江戸で事実上の軟禁状態に置かれた。

すでに、二条城会見で秀頼を守った加藤清正も浅野幸長も、この世にいない。

結局豊臣方に内通したのは、現役大名でわずかに古田織部《おりべ》のみであり、その他の大名たちは誰も豊臣方に与《くみ》しなかった。

豊臣方から誘いを受けた大名、浅野長晟。かつて豊臣政権で五奉行の一人であった浅野長政の二男であり、秀吉の正妻・おね（高台院）は伯母にあたる。

彼は、豊臣方から来た使者を、斬り殺した。

世の中は、完全に転換していた。

指揮官の不在を衝かれる西軍

もしあなたが慶長十九年（一六一四）の十一月に、大坂城本丸から市中を見渡したなら、こんな光景を目にしたのではなかろうか。

眼下に広がる広大な大坂城内に約一〇万の味方が配置され、さらにその向こうに、信じられないような要害を見渡せたことだろう。

西は横堀、北は天満《てんま》川と水田（湿地帯）が広がる。東には大和川、平野川。西には大坂湾が望める。

二〇メートルごとの櫓《やぐら》、高さ三〇メートルの石壁、堀の中には柵を幾重にも設け、主要な場所には砦を築いた。特に、大坂城の弱点と言われた城南の平野口小橋の北には、真田幸村が巨大な出丸を築き、六〇〇〇の兵を配置した。

大坂城はあまりにも規模が大きすぎたから、本丸からの眺めで言えばおそらく開戦当初、敵は米粒の集団程度にしか見えなかったかもしれない。

大坂城にいた西軍（以後、豊臣方を西軍、徳川方を東軍と記す）の陣容は、まず大野治長、弟の治房、木村重成、渡辺糺、薄田兼相《すすきだかねすけ》ら、豊臣譜代の家臣。

次に、関ヶ原合戦で敗れ領地を召し上げられた大名の、長宗我部盛親《ちょうそかべもりちか》（元・土佐二二万石）、氏家行広（元・桑名二万五〇〇〇石）、毛利勝永（元・豊前四万八〇〇〇石）ら。

関ヶ原合戦で敗れた武将の子の、真田幸村（父・真田昌幸）、大谷大学（父・大谷吉継《よしつぐ》）ら。

ほかに大名の家臣だった者で、取り潰しや自ら浪人になっていた、明石全登《てるずみ》（宇喜多秀家家臣）、淡輪重政《たんのわしげまさ》（小西行長家臣）、後藤又兵衛（黒田長政家臣）、塙《ばん》直之（加藤嘉明家臣）など、名だたる者が多くいた。

戦闘は十一月十九日に始まった。

木津川口の西軍砦を、東軍・蜂須賀家政が攻め立てた。ここを守っていた西軍の明石全登はたまたま大坂城に軍議で出かけていたこともあり、砦はすぐに、東軍の手に落ちた。

続いて十一月二十六日には、鴫野《しぎの》・今福で西軍・大野治長と東軍・佐竹義宣、上杉景勝らが戦い、これも東軍が勝利したが、東軍の損害も大きかった。

二十九日には西軍・博労ヶ淵《ばくろうがぶち》の砦が落ちた。守将は薄田兼相だったが、その日は神崎の遊女屋に泊まっていたため、スキを衝《つ》かれた形になった。

同日には西軍・大野道犬《どうけん》の船団が九鬼守隆らに攻め込まれて遁走《とんそう》。

どうも、西軍は緒戦から旗色が良くなかった。

いくさの最中に指揮官が不在で、しかも副将にしっかりした者がいなかったために統制がとれていない。東軍の「組織戦」に対して、非常に脆弱《ぜいじゃく》な印象を受ける。

大砲が淀殿の居室を直撃

そんな中。

十二月四日に、城の南側、惣構《そうがまえ》の外側につくられた真田丸で、激戦が行われた。

大坂城は普通の城同様、内堀と外堀が囲っている。

真田丸は、その外堀のさらに外に築かれていた。

守将はもちろん、名将の誉《ほま》れ高き真田昌幸の、次男・幸村。攻め手は、徳川譜代の井伊直孝、北陸の雄・前田利常、そして猛将・松平忠直。

幸村は敵を引きつけて矢玉を浴びせ東軍に大損害を与えたが、城内での誤爆で東軍側が勢い立ち、城側に攻め寄せた。

しかし、真田丸の強固な守りは破れない。

時間が経つにつれ、東軍側はどんどん不利になっていき、家康は撤兵を命じた。しかし、空堀《からぼり》の中で東軍は身動きがとれなかった。撤退しようにも、猛烈な鉄砲射撃に加えて柵などが障害になり、動けなかったのである。

東軍はここで、大敗を喫した。

十二月に入ると、西軍の塙直之による夜襲などが行われたが、基本的に西軍は城内に留まり、積極的な攻勢を見せなかった。

籠城側は立派な建物もあるし、戦いは負けていない。しかし、そろそろ食糧弾薬に対する不安が生じていた。何よりも大きかったのは、どの現役大名も味方につかないため、展望が開けなかった。

一方東軍側は、二〇万からの軍勢を寒空の中、野宿させ、その兵糧も半端な量ではない。放置すれば厭戦《えんせん》気分が蔓延《まんえん》し、徳川に対する不満も出てくるであろう。戦っている相手は豊臣家だけだから、勝ったところで、諸大名に分け与えられる所領はきわめて少ない。幕藩体制はまだ緒《ちょ》に就いたばかりのこの時期に、長期戦は好ましくない。

こうなると、「和睦」が現実味を帯びてくる。

家康はしかし、老獪《ろうかい》である。

和睦の話を城内にいる織田有楽斎《うらくさい》などに通すと同時に、地下道を掘ったり、夜中に一斉射撃を命じて城方の睡眠妨害をしたり、要は西軍を精神的に疲労させようとしたのである。

そうして和睦を進めようとするが、城内では淀殿が主戦派であったため、和平は不可能な状態にあった。

そこで家康はさらに、大砲の一斉射撃で脅しをかけた。

この大砲の中に、四貫目（約一六キログラム）、五貫目（約二〇キログラム）の鉄の玉を飛ばせるものも十数門含まれており、そのうちの一発が淀殿の御座所に命中して柱をなぎ倒し、侍女数名が犠牲になったという。

これで淀殿の主戦論は鳴りを潜め、交渉が始まる。

なぜ「淀殿人質」は絶対条件ではなかったのか

十二月十八日と十九日、東西両軍の代表による会談が行われた。

東軍側は、本多正純と阿茶局《あちゃのつぼね》（家康の側室）。

西軍側は、常高院（淀殿の妹、浅井三姉妹の次女）。

十九日に成立した和睦の条件は、①本丸を残し二の丸、三の丸は破却、②①を実行するなら淀殿が人質として江戸に来る必要はない、③大野治長と織田有楽斎は人質を出す。これに、西軍に与した者たちを処罰しない、という条件を豊臣方がつけさせた。

これは、どう見ても西軍の敗北である。

家康側には何の要求も出せず、ただ家康側の要求をどこまで呑むか、ということであって、筆者は逆に、「そこまで西軍は追いつめられていたのか」、という気がしてならない。

この条件は、言い方を変えるなら、

「お願いだから、戦いは終わりにしましょう。これ以上は無理です」

ということである。

西軍への戦犯追及がなかったことを収穫と思うならば、これも違う。

「西軍に与した者を処罰しない」というのは、もし処罰するとなれば、西軍の中で再び徹底抗戦論が出ることは間違いない。「殺されるくらいなら戦う」というのが、西軍参加者の思いであろう。

つまりこの条件のすべてが、東軍勝利を物語っているのである。

さらに不気味なのは、淀殿に対する処置である。

西軍の実質的な最高意思決定者が淀殿であることは明らかであり、もし徳川が完全な終戦にしたかったのであれば、どんな条件を出してでも淀殿を江戸に迎えるべきであった。

主戦派で城内最高実力者の淀殿をそのまま大坂城に置いておくというのは、再戦の可能性を限りなく高めるものである。

家康の意図は、どこにあったのか。

このあと、大坂城で惣堀（外堀）はもちろん内堀まで埋められるのだが、淀殿に対しては秀頼同様、いずれ「抹殺する」ことを前提にわざと城に置いたのではなかろうか。

主戦派の淀殿を置いておけば、挑発に応えて再戦の火をつけてくれる……。

秀頼の判断として、ここは逆に淀殿を江戸に送り、それを理由に再戦不可という選択肢もあった。が、それは、「火事場跡の賢者顔」かもしれない。

豊臣の戦略が見えない理由

大坂城は惣堀（外堀）をはじめ、二の丸、三の丸が壊され、その壊された建物や石垣を崩して、内堀が埋められた。

内堀の埋め立てに関して、多くの識者、たとえば二木謙一氏（『大坂の陣』）、小和田哲男氏（『関ヶ原から大坂の陣へ』）、旧参謀本部（『日本の戦史　大坂の役』）などは、徳川方が約束を破って豊臣からの抗議を無視し、内堀まで埋めてしまった、という説をとる。

曽根勇二氏は、

「（徳川も豊臣も）互いに埋め立てが了解されていたものの、何とか時間を稼ごうとした大坂方に対し、一気に時間を縮めた徳川方の戦法勝ちであった」（『大坂の陣と豊臣秀頼』）

豊臣方も内堀埋め立ては了解済みだが、それは豊臣方で時間をかけてやるつもりだったものを、徳川方がどんどんやってしまった、としている。

他方、笠谷和比古氏は、工事に関係した伊達政宗や細川忠利らの往復書簡など一次史料を精査して、「（内堀埋め立てに関して徳川と）豊臣側との間でトラブルが発生しているような形跡を認めることができない」（『関ヶ原合戦と大坂の陣』）と述べている。そもそも埋め立てには一ヶ月もかかっていて、「豊臣が止める間もなく」、というのは現実的ではない」という指摘である。

なぜここにこだわるのかというと、もし笠谷氏の指摘どおり「埋め立て了解済み・トラブルも発生していない」とすれば、豊臣方には再戦の意思はなかったことになる。「外堀も内堀もどうぞ埋めてください」と約束した者が、どうして再戦を意識していたと言えるのだろうか。

だとすると、続く慶長二十年（七月より元和）五月の、大坂夏の陣の開戦理由の合理性が問われるのである。

この時期の豊臣の戦略がまったく見えない。

豊臣方の希望としては、このまま大坂城にいて、近々高齢の家康が死に、再び諸大名の間で「秀頼待望論」が出て政権を握ることであったろうが、それは現実的ではない。

第一に、すでに冬の陣において、豊臣方の使者を斬ってまで与することを拒否した豊臣恩顧の大名たちが、仮に家康が死んだとしても、それだけで突然豊臣秀頼を担ぐ道理がないのである。

第二に、戦略は相手があって初めて成立するが、相手、つまり徳川の望むことを度外視して、自分たちの希望だけを叶えることなど、あり得ない。

第三に、片桐且元が徳川方に寝返った（寝返らざるを得なかった）状況で、徳川との交渉は淀殿に近い大野治長らが行っているが、治長らは家康の手練手管を直接感じていたはずである。このまま家康が、死ぬまでただ黙って、大坂城にいる豊臣の存在を許すと考えるほうが不自然である。

もし豊臣に徳川との再戦意思がないのなら、あとはなし崩し的にでも敵の条件を呑むしかない。豊臣は交渉するためのカードを、ほとんど使い果たしているのである。開戦など、自滅の選択でしかない。

家康言いがかりの証拠

慶長二十年（一六一五）三月。

豊臣秀頼の使者（青木一重《かずしげ》）、淀殿の使者（常高院、大蔵卿局）らが駿府を訪れ、家康九男・義直婚儀への祝意を伝えた。同時に、豊臣の経済的困窮を訴え、助力を願い出たという(『駿府記』)。

しかし経済的な援助は表向きで、この時点で家康に面会する意味は、再戦の意思なしということを家康に改めて示すためではなかったか。

家康は前年の十二月二十五日に大坂を離れているから、戦後、豊臣方と本格的に面談するのはこの時が初めてである。

家康は彼らを普通にもてなした。が、おそらくこの直後、大坂方が再軍備をしているという報告が家康のもとに届いた。さらには、京都所司代の板倉勝重から、「大坂方が京に火を放つかもしれない」という情報も入る。

もちろん、そんな意思は豊臣にはない。

豊臣方はただちに使者を出して、家康に釈明をするが、

「ならば、戦争をしない証として、秀頼が大坂から退去して大和または伊勢に移るか、新規召し抱えの浪人をすべて追放せよ」

と要求した。

新規召し抱えの浪人を追放、というのは、できそうに見える。しかしこの段階になれば大野治長らも気がつくであろうが、浪人が多少でも残っていれば徳川方は、

「それ、戦争をあきらめていない証拠だ」と言って戦いを仕掛けるつもりであったろう。

国替えに関しては、大坂を出た途端に秀頼は生殺与奪を家康に握られる（しかしもし受け入れていれば、すぐに殺される、という事態にはなっていなかったであろう）。

毛利家の重臣、吉川広家が、「豊臣方は戦争について、何の準備もしていない。これは関東（徳川）が言い出したことだ」という趣旨の手紙を書いている（二木謙一『大坂の陣』）。

家康のやり口をよく知っている吉川広家は、今回の騒ぎが徳川方の陰謀・挑発であることをかぎとっていたのである。

「ハル・ノート」と家康の挑発

冬の陣の後、内堀を埋める了解もあった、とする笠谷氏の指摘に従えば、豊臣に再戦の意思はなく、これらは家康の謀略であり、言いがかりにすぎなかった。

戦争を欲している者は、どんな手を使っても開戦に持ち込もうとする。本章冒頭で触れた中国のチベット侵略や、日米開戦直前に手渡された米国国務長官、コーデル・ハルの「ハル・ノート」は、その好例であろう。

のちに極東国際軍事裁判（いわゆる東京裁判）で戦犯を裁いた、インドのラダ・ビノード・パル判事は、

「真珠湾攻撃の直前に米国国務省が日本政府に送ったもの（筆者註・ハル・ノート）とおなじような通牒を受け取った場合、モナコ王国やルクセンブルク大公国でさえも合衆国に対して戈《ほこ》をとって立ち上がったであろう」

という言葉を紹介している（『共同研究パル判決書』第四部「全面的共同謀議」）。

受諾不可能な条件を提示して、相手の暴発を待つ。

米国は開戦前に、すでに日本の暗号解読に成功しており、日本側で何が話し合われどんな態度で臨んでくるのか、すべて把握していた。

米国はとにかく、戦争をしたい。しかし国内世論がそれを押しとどめていたこともあり、当時の米国大統領、フランクリン・ルーズベルトは、「相手から先に手を出させる」、そういう環境をつくっていった。

日本は、ルーズベルトの思惑どおりに手を出し、昭和十六年（一九四一）、真珠湾を奇襲攻撃した。

夫のため自刃した十八歳の妻

大坂夏の陣は、慶長二十年（一六一五）四月二十六日から始まり、二十九日の樫《かし》井《い》の戦いで、塙直之が戦死。

五月六日から七日にかけて総攻撃が行われ、大坂城は落城した。内堀まで埋められた城に、昔日の堅牢さは望めなかった。

後藤又兵衛と薄田兼相は、五月六日、道明寺の戦いで斃《たお》れた。

同日、若江の戦いで木村重成、戦死。重成は戦死を覚悟し、兜に香を焚き込んでいた。また重成の妻は、重成が出陣する前に遺書をしたため、自刃し夫の首途《かどで》を励ました。歳はまだ十八だったという。

同日、八尾や誉田《こんだ》でも戦いは続き、激戦の中、西軍諸将の命が散っていく。

おそらくこの六日夜のこと。真田幸村は家臣たちに別れを告げる。

「本来なら一国のあるじになってお前たちにも加恩すべきところだが、天運が尽きたようである。よくここまでついて来てくれた。私は武門の義理を貫くが、お前たちは生きて国元に帰って、妻子の面倒を見よ」

これに対し家臣たちは、

「今お暇を賜るなら、切腹します」

と応えたという（『銕醬塵芥鈔《てつしようじんがいしよう》』）。

翌、七日。

真田幸村は茶臼山《ちやうすやま》の戦いで、三度まで家康の本陣に突撃を繰り返し、心胆を寒からしめた（実際、家康本陣では旗奉行たちが動揺したため旌旗《せいき》が乱れ、戦後、旗奉行が処分を受けている）。

激闘の末、真田幸村も戦死した。

大坂城では、城内での裏切りもあって火の手が上がり、秀頼は淀殿らと山里曲輪《ぐるわ》にある土蔵に避難した。

そこで、一緒にいた千姫を、大野治長が脱出させた。

千姫によって、秀頼母子の命乞いをするためである。

方広寺の鐘銘を書いた僧も共に自刃

しかしもはや、ここまでくれば交渉は終わっている。

交渉は賭け事と同じで、元手があってやるものである。元手がなくなり、取引材料が失われたら、そこですべては終わる。

もちろん、元手があるかのように装って交渉を継続することもある。しかし、この時点で大坂方には「何かあるように装える」ことすら不可能なくらい、裸の状態にされていた。あとは、家康や秀忠の情に訴えるくらいしかない。

だから千姫を使って家康や秀忠に働きかけるわけだが、ほとんど意味はなかった。徳川にとって秀頼母子を生かしておく理由が、どこにもないからである。

助命嘆願は受け入れられず、秀頼母子は土蔵の中で自害した。

豊臣秀頼、二十三歳。淀殿、四十九歳。

こんなことならば、関ヶ原合戦の時に籠城して戦えば、あるいはまた、家康の提示した条件に従って大和郡山に移っていればなどと、後悔をしていたかもしれない。

しかし、時すでに遅し。

秀頼と共に土蔵の中で自刃した人の中には、大野治長、毛利勝永、真田大助（幸村の子）に加え、大蔵卿局や、僧・清韓も含まれていた。

あの、方広寺の鐘銘を書いた本人である。

「大坂攻撃の口実を作ったことに責任を感じ、死に場所を求めて籠城し、秀頼と心中したものと思われる」と、二木謙一氏は指摘する（『大坂の陣』）。ただし、清韓は元和七年（一六二一）死去という説もある。

秀頼が孤独な最期ではなく、母親や側近、忠実な家臣に囲まれて逝《い》ったことは、せめてもの慰めであったかもしれない。

自分の希望を推し進めるだけの豊臣家

秀頼は、なぜ失敗したのか。

いや、徳川との権力抗争時には幼かったから、秀頼を代表とする「豊臣家」がなぜ滅びたのか、と言い換えたほうがよいかもしれない。

逆に、「どうすれば豊臣家は生き残れたのか」、という面から、考察してみよう。

筆者は、大坂の陣が始まる前と始まってからでは、局面はまったく変わったと考えている。

たしかに、「戦争は外交の延長」（クラウゼヴィッツ）という面もあるが、また

「戦争は外交の下策」あるいは「政治の失敗」でもある。犠牲少なく目標を達成することこそ政治の手腕であり、そういう意味では、戦争に突入せざるを得ないのは、政治の敗北である。

これは豊臣秀頼にも、徳川家康にも言える。勝ったからといって、家康はパーフェクトではなかった。

ただ、豊臣と徳川で大きな違いがあるとすれば、それは徳川が「（自分の）犠牲を最小限度に抑えながら目標（権力の掌握）を達成しようとしていた」のに対し、豊臣は特段犠牲になるものを考えず、ただ自分の希望を推し進めるのみであった、という点である。

ナンバー2は常に狙われる

家康の動きを見ているとわかるのだが、彼は、ずっとサインを出し続けていた。豊臣家を潰《つぶ》す気はないが、徳川に対抗するなら話は別だ、というサインである。

この「対抗するなら」という意味は、単に歯向かうとか、戦いを挑んでくるなら、ということではない。「対抗できる可能性を持つならば」、と言い換えたほうがいいであろう。

家康の立場に立ってみればわかる。

秀吉が秀頼を可愛く大切に思ったのと同様、家康も子孫の繁栄を望んだ。そして、幸か不幸か徳川家は豊臣政権下においてナンバー2の地位と実力を持ち、それはイコール、当時の最高権力である豊臣家から最も狙われやすい地位でもあったのである。

家康は、いかに秀吉から疑われずに自分の今の権力を維持するか、ということに細心の注意を払った。

秀吉が死んで権力の空白ができた時、徳川が権力掌握に動いたのは、そうしなければ自分の次の代以降、徳川が狙い撃ちされると考えたからでもある。

これは徳川のやり方を肯定しているのではなく、ナンバー2の地位にある者は常に次の代で権力を握るか、失脚するかのどちらかが多い、という事実に基づく。

現に、石田三成が家康を倒そうとしたのは、家康の野心を見てとったことと同時に、徳川が、豊臣家最大のライバルになり得る実力と地位を持っていたからにほかならない。

実質的な権力が徳川に移った段階で、今度は豊臣家が、徳川にとってのナンバー

２、最大のライバルになった。

となると。

豊臣家の選択肢はそう多くないのである。

秀頼が成人していなければ維持できない政治体制

豊臣家が生き残る条件を見る前に、前提を考えておきたい。

前提条件として動かせない第一は、年齢である。

豊臣秀吉にもっと子どもがたくさんいたら、とか、秀頼がもっと早く生まれていたら、あるいは秀吉が長生きしたら、という人の生死にかかわる部分は、生き残りの条件として含めることができない。誰かの努力で変えられる運命ではないからである。

ただ、一つ言えることは、秀頼と家康が久々に対面した慶長十五年（一六一〇）に、秀頼は十九歳だったということはすでに触れた。もし、関ヶ原合戦の頃に秀頼が十九歳になっていて、能力はともかく、実際の感状や命令を理解して自ら署名できていれば、事態はまったく変わっていたかもしれない。

本能寺の変で、信長の長男・信忠が生き残っていたら、という想定に少し似ている。

豊臣家の場合は織田家と違い、秀吉の実子が秀頼だけだったので後継者問題は起きていないが、肝心の秀頼が幼児であったため、秀頼の主張がまったく政治的な意味を持たなかった。自らの意思をはっきり示せる年齢になっていれば、ということは言えるのである。

裏返すと、秀頼が成人していなければ維持できない政治体制を、秀吉は遺していったことになる。

豊臣家が政権に参加できた可能性

前提条件として動かせない第二は、関ヶ原合戦後の政治体制である。

完全に豊臣政権は天下を掌握するという機能を失った、ということを明らかにしておきたい。

五大老のうち、上杉景勝、毛利輝元は失脚、宇喜多秀家は遠島。前田利長は完全に家康に服従。

五奉行（経験者含む）のうち、石田三成は刑死、長束《なつか》正家は自刃、増田長盛は所領没収で軟禁、前田玄以、浅野長政は家康に服従。

関ヶ原合戦後、主要閣僚のほとんどが死亡もしくは失脚し、豊臣政権は機能を失った。

では、東軍に味方した秀吉恩顧の大名は、徳川の世になって政権に参加したのか？

誰一人、政権に参加していない。

たとえば加藤清正や福島正則、加藤嘉明、浅野幸長らの中で、関ヶ原合戦後の政権メンバーに選ばれた者がいたであろうか。

誰も、いない。みな、領土を倍近く加増されたが、扱いは「外様」であった。当然であろう。彼らは家康にとって「外様」であったのだから。

関ヶ原後の政局は、「秀頼様名代」という冠はついていたが、家康の完全指揮下に政治は動き、関ヶ原合戦の三年後（一六〇三）には、家康は征夷大将軍に任命された。これによって家康は豊臣の政治機構に乗らずに、「徳川幕府」という新たな政治体制で、徳川の家臣を政権中枢に置きながら政治を行えるようになる。

では、家康が征夷大将軍になった時点で、豊臣方に打てる手はあったであろうか。

あるとすれば、「政権に参加させてほしい」と家康に打診し、その代わり、家康政権下に豊臣家を組み入れる、ということである。

慶長十一年（一六〇六）に家康は、江戸城普請を「天下普請」（公共事業）として各大名に命じているが、この時、普請奉行（普請をさせる側＝徳川幕府側）八名の中に、二名、豊臣秀頼の家臣がいたことは少し触れた。つまり、普請を「する」側ではなく、「させる」側、徳川の政治機構の中に豊臣の一部が含まれ、小さいことながら豊臣が徳川政権に参与できる可能性があったのである。

どういう経緯でこの二人が派遣されたのかはわからないが、家康側のシグナルではないかと思えてならない。

逆に、豊臣の出方を見るための小さなアクションにすぎなかった、ということもできる。

いずれにしても、秀頼たちの年齢は動かせない、ということと、関ヶ原合戦後にはすでに徳川の政治支配が始まっていた、ということを前提条件としながら、以下、豊臣家生き残りの条件について述べたい。

ヒトラーのユダヤ人弾圧と家康

関ヶ原合戦以降、大坂の陣までの十五年間を四つの時期に分けたのは、その折々に生き残るための策があったからである。

第一期。慶長五年（一六〇〇）の関ヶ原合戦から、慶長十年（一六〇五）の徳川秀忠が征夷大将軍に就任するまでの五年間。

まず、関ヶ原での合戦後、大坂城に籠城して西軍の残存兵を糾合《きゅうごう》し、家康に対抗することはあり得た。しかし、幼児である秀頼にこの判断はできない。そして大坂城をすごすごと退去した毛利輝元が籠城の指揮をとったとして、はたして家康に勝利できたかどうか。

しかし、のちの大坂冬の陣では外からの応援がまったくない中で、二〇万の徳川勢を相手に約一ヶ月半も戦い続け、しかも城内に敵を一兵たりとも入れなかったことを考えると、相当な合戦ができたであろうと予想できる。また、東軍にいた加藤清正、福島正則ら豊臣恩顧の大名たちも、秀頼に向かって弓を引かなかったことは間違いない。

要は籠城の決断力の欠如と、そしてそれを指揮する指揮官の不在によって、これは選択されなかったのである。

戦わなかったがために追いつめられた例は、歴史上いくらでもある。

なぜユダヤ人がイスラエルに国家を持ち、四回の中東戦争でも圧倒的な強さを誇った軍事力を持つに至ったのかと言えば、それはヒトラーのユダヤ人弾圧時に、まとまった力として反抗しなかったため、という反省がある。

ヒトラーは最初、演説で絶叫はしても具体的な政策としてユダヤ人弾圧は行わなかった。が、政権を握って以降、「ダビデの星」の装着強制や、公務員採用の制限、さらには大学に入れるユダヤ人の人数制限を始めた。そして、結婚や社会生活のさまざまな分野でユダヤ人差別政策を強行し、次の段階で強制移住（いわゆる「ゲットー」への移動）を命じた。そして最終段階で、強制収容所に隔離・虐殺を行うのである。

この間、随所でユダヤ人による反抗は行われたが、それが組織的なものにならず、各個撃破されてしまう。

ヒトラーの対ユダヤ政策を見ていると、小さな部分から始めて、やがて気がついた時には誰も反抗できないという、「段階政策」だったことがよくわかる。

もちろんヒトラーと家康を同列には論じられないが、両者のやり方から言えることは、時間をかけて政策の強制力を強めていく方法に対しては、早い時期に対抗しないと反抗は不可能になるということである。

豊臣家には慶長五〜十年までの間、「まさか家康は豊臣家を滅ぼすまい」という敵に対する甘い観測があった。これが決断と行動を鈍らせたと考える。

徳川政権内部の権力抗争を利用する

家康もこの時期、豊臣家を滅ぼす考えはほとんどなかったかもしれない。

しかし自ら征夷大将軍になり（慶長八年）、すぐに息子の秀忠に将軍職を譲った（慶長十年）のは、豊臣家に対する部分だけを見れば、「豊臣を滅ぼす気はないが、いつでもできるようにはしておく」という、政策の選択肢を広げる行為であった。

たとえば、「中国は日本を攻めるつもりなんかない」というのが現在の大方の見方であり、筆者も中国が日本に「今」軍事行動を起こしても利益はないと考える。

しかし、中国が空母を持ったり、多数の核兵器を保有し、一九八九年からはほぼ毎年ふた桁の伸び率で軍事費を増やしているのは、それによっていつでも戦争ができる、という彼らなりの「政策選択の幅を広げる」行為なのである。

豊臣家がこの時期、政策選択の幅を広げる行動をとった気配がない。それどころか家康が征夷大将軍になった五ヶ月後に、秀頼の正室として徳川秀忠の娘・千姫を嫁に迎え、徳川の懐柔策の中にどっぷり漬かってしまっている。第二期、慶長十四年(一六〇九)、篠山・亀山に譜代大名を配置した時まではどうか。

豊臣方の打つべき手は、当時すでに存在した江戸の「秀忠政権」と駿府の「家康政権」の離間を促すことであった。

慶長十二年に家康は江戸城から駿府城に移った。秀忠に将軍職を譲ったからである。しかし実際には、慶長十五年まで徳川領の年貢は江戸ではなく駿府に収められていた事実を見ても、家康が政治の実権を握っていたことは言うまでもない。つまり、駿府の家康政権と江戸の秀忠政権の内部で、権力の綱引きが行われていたのである。

一つの証拠として、慶長十九年(一六一四)一月、徳川秀忠の重臣であり譜代大名の旗頭でもあった大久保忠隣《ただちか》の改易が挙げられる。

大久保忠隣は、謀反の疑いをかけられたのである。実はライバルであった家康の謀臣・本多正信の陰謀であった。

慶長十九年の一月といえば、大坂冬の陣の始まる（家康が動員令を発する）わずか十ヶ月前である。そんな時期にもかかわらず、徳川は駿府（家康）と江戸（秀忠）の家臣間で権力闘争をしていたのだ。

ということは、駿府と江戸の二重権力の隙を衝いて、豊臣が介入していくことが可能だったのではあるまいか。現に、大久保忠隣は「豊臣方に通じている」という讒言《ざんげん》で疑われたのである。

大久保忠隣が改易されたのは慶長十九年。

家康が駿府に移り、江戸との二重政権となったのは慶長十二年。

この七年の間、徳川内部の権力闘争を利用して、片方に与すればその者が疑われ、内部で動揺が起きたことは間違いない。

家康が片桐且元に行ったのと同じことである。

もっともそれが露見した段階で、家康は豊臣征伐の理由にしたであろうから、戦争の覚悟がないとできない工作ではある。

二条城会見での認識の違い

第三期の慶長十六年（一六一一）、二条城で豊臣秀頼と徳川家康が会見を行った時期はどうか。

二条城の会見をなぜ、加藤清正や福島正則、浅野幸長や片桐且元が熱望したのかといえば、そうしなければ徳川は本格的に豊臣家を潰しにかかると見たからであり、同時に、成功すれば豊臣家の将来が約束されるものでもあったからだ。

すでに触れたように、大坂城に家康が行くのではなく、秀頼が徳川の城である二条城に赴《おもむ》くのである。豊臣方がどう思っていようと、外から見れば秀頼が家康に従ったと見える。

豊臣が徳川に従えば、争いは起きない。つまり、豊臣を潰す必要も、当面はなくなる。

しかし、豊臣家の最高権力者であった淀殿の考えは違った。

豊臣家家老・片桐且元の、

「もし秀頼様が上洛を拒否すれば、徳川との合戦が起こることは確実である」（曽根勇二『片桐且元』）

　という言葉や、加藤清正らの説得に応じて、しぶしぶ秀頼の二条城行きを認めただけであった。淀殿としては、豊臣家が永く生き残るために徳川の傘下に入るのもやむを得ない、と考えたのではない。一時的な、とりあえず仕方ない、という思いなのである。

　家康のほうは、「会見が実現すれば、それは豊臣が徳川に従った、ということ」と認識していた。この認識の差が、会見から三年後の大坂の陣につながっていくのである。

　ということは二条城の会見を受けた段階で、豊臣家は徳川幕府に対し完全服従の姿勢を鮮明にし、自ら人質を江戸に送るなど、「徳川に従います」という行動を積極的にとるべきであった。

　もっと言えば、この段階での豊臣家大逆転は、家康の死でもない限り不可能であった。

　家康は、二条城の会見で豊臣恩顧の大名たちの結束力を見せつけられ危機感を持つと同時に、「しばらくは豊臣家を攻撃できない」と悟ったであろう。

　豊臣家を潰す動きは、様子見に入った。

大名たちはなぜ関ヶ原合戦後も秀頼に伺候し続けたのか

しかし。


慶長十六年（一六一一）三月、二条城の会見。

四月、浅野長政（秀吉正室おねの義弟）死去。

六月、真田昌幸、堀尾吉晴、加藤清正、死去。

慶長十八年（一六一三）二月、小出吉政（元秀吉の馬廻衆）死去。

八月、浅野幸長、死去。


豊臣系の有力大名たちの相次ぐ死。

当時最も強力に秀頼を守ろうとした現役大名は加藤清正、浅野幸長、福島正則の三人と言われているが、このうち二人が、慶長十八年までに亡くなっている。

大坂冬の陣が慶長十九年（一六一四）であるから、ここから見えてくるのは、通説のとおり「邪魔者がいなくなった」ということである。

第四期の、方広寺鐘銘事件を経て冬の陣開戦までの間、豊臣方に何ができたであろうか。

　筆者は、この時点では徳川に対する全面的服従しか、豊臣家には選択肢がなかったと考える。

　それは、「服従しなかったから豊臣家は壊滅した」という結果から導き出したのではなく、政治的な力の比較をすれば、もはや豊臣には徳川に抗すべき政治力が残っていなかったからである。

　一つの例として挙げるならば、徳川は大坂冬の陣に至るまで、全国の大名たちに誓詞を出させたり、人質を江戸に送らせたりしているが、徳川幕府になって以降、豊臣が大名に誓詞を要求したことも、人質を送らせたこともない。つまり他の大名に対するなんらの強制権も持っていなかったのである。

　ではなぜ豊臣家は、自分たちに味方してくれる大名がいるかもしれない、と思ったのであろうか（最終的に浪人たちに頼ってはいるが、当初は現役大名の応援を期待していた）。

　それは多くの大名が、関ヶ原合戦のあとも長い間、秀頼に対して伺候《しこう》の礼（ご機嫌伺い）をとり続けていたことが大きな要因の一つであろう。

　加藤清正や浅野幸長、福島正則、加藤嘉明といった秀吉子飼いの大名はじめ、島津、上杉ら豊臣家から見れば外様の大名、あるいは、すでに代替わりして三代目となる前田家（利常）まで、徳川幕府が成立した後も諸大名が大坂に伺候している。朝廷からの勅使派遣は、なんと大坂冬の陣のあった慶長十九年まで行われていた。

伺候した大名たちにとっては、旧主の筋であると同時に、右大臣・豊臣秀頼に対する礼儀であった。また笠谷和比古氏は、「（諸大名は）家康という重石が取り外されるならば（中略）（豊臣が政権復帰して）往時に変わらぬ華やかさを回復し得ると期待」（『関ヶ原合戦と大坂の陣』）したと述べる。いずれにしても、伺候していた大名にとっては一種の保険であり、また、儀礼を超えるものではなかった。

それを、豊臣方は読み違えていた。

情報参謀のところでも触れたが、何か自分に有利な状況があると、それをことさら拡大して見、逆に不利な条件はこれを縮小して考えることが往々にしてある。特に準備不足で戦わねばならない場合、陥りがちな思考である。

だから方広寺の鐘銘事件でも、家康に籠絡《ろうらく》された大蔵卿局たちの都合のよい話を信じたのである。

豊臣が潰れていく過程には、この「根拠なき期待の拡大」が散見されるが、結局のところ、「自分はこうしたい」という思考が先行し、「相手は何を期待しているのか」ということを検討しなかったつけが回ってきたような気がしてならない。

豊臣家生き残りの最後のチャンス

大坂冬の陣、夏の陣、どちらも西軍側で激しい戦術についての議論が交わされ、特に最初の冬の陣では、真田幸村の「城外での先制攻撃論」が否定されたことは有名である。そして結局勝敗のつかない籠城戦になった。

これを、惜しかった、と考えるか、それとも当時の否定派のように、「少ない兵を分散するのはよくない」と考えるかは意見が分かれるであろう。今となっては判断もつかない。

ただ言えることは、ほとんど実戦経験のない大野治長や淀殿が決定権を持ち、経験豊かな真田幸村や後藤又兵衛たちの意見は、尊重されたとは言いがたい状況であった。

そして、豊臣家が生き残る最後の機会がやってくる。

冬の陣で和睦し、翌年慶長二十年（一六一五）に再び徳川から言いがかりをつけられ、弁明した時である。

すでに書いたように、家康は秀頼が大坂から退去して大和または伊勢に移るか、新規召し抱えの浪人をすべて追放するよう要求した。

もちろん、家康は秀頼の大坂城からの退去を目的としている。

これは、当時の豊臣家にとって受け入れがたい条件ではあった。

大坂城には禄を求める浪人たちが在城していた。浪人たちが、自分たちの追放と、大坂城明け渡しを進んで受け入れるわけがない。

終戦の難しさはここにある。

負けることがわかっていても、「まだ戦える」「勝利してから名誉の講和を」という話になる。

しかもこれは徳川からの言いがかりであり、先にも触れたように、対米戦争勃発直前の「ハル・ノート」に近い無茶な要求であった。

しかし、冬の陣以前の大坂城が丸裸にされる前ならまだしも、戦えば負ける予測は容易についた段階である。

「無条件降伏」は合理的判断の場合もある

戦いを終える時のリーダーシップのほうが、始める時のリーダーシップよりも困難である。

始める時は「勝つかもしれない」という期待感も展望もあるが、降伏する時は希望がない。また、「まだ戦える」と主張する人々に抹殺《まっさつ》される危険もある。

大東亜戦争（太平洋戦争）終戦時に、鈴木貫太郎内閣が背負った運命はまさに、豊臣家の「再戦か、降伏か」と同じであった。

本土決戦を主張する軍部と、和平を望む昭和天皇や重臣たちの動きの中で、鈴木貫太郎内閣は降伏への道を慎重に進む。

当時の米内《よない》光政海軍大臣の言葉が残っている。

米内は、終戦は大変ではないか、との問いかけに対してこう述べた。

「なに、四、五人の者が真剣に覚悟を決めれば（筆者註・死ぬ覚悟で臨めば）、出来ぬことはありませんよ」

また、鈴木貫太郎は、

「現在はいかような事態であろうとも、将来の見通しというものをはっきり摑めば、その針路に向かって断固推進すべし」

と終戦前の決意を述べている(『鈴木貫太郎自伝』)。

こういう勇気が、はたして豊臣家首脳部にあったかどうか。

もちろん武門の面目、「豊臣家」という特別な存在と、そこに込められた誇りや意地もあったであろう。しかし、「家」を残すことが何より優先された時代に、なぜ「意地」や「名誉」にこだわったのか。たとえ無条件降伏だったとしても、決して恥ずかしいことではない。それは時に、合理的な判断でもある。困難な時こそ、冷静な判断が求められよう。

「秀頼生存説」から見えるもの

豊臣家がなぜ滅びたのか、その失敗をまとめると、

(1) 関ヶ原合戦後、大坂で戦わなかったこと
(2) 徳川政権内の権力闘争を利用できなかったこと

（３）二条城会見後、徳川への完全服従ができなかったこと
（４）諸大名の伺候などを受け、根拠なき期待を抱いたこと
（５）夏の陣再戦前の、無条件降伏ができなかったこと

である。

豊臣は常に受け身であった。

何か起きるとそのたびに対応し、長期展望がない。

対応するたびに条件をつけられ、条件に従ってもまた問題を提起される。

一口で言えば、戦争をしたがっている相手（徳川）と交渉するのだから、相手の条件を呑むだけでは事態は改善しない。

ヒトラーが欧州侵略を進めた当初、英仏はその暴挙を認めてしまい、小国を犠牲にしながら平和を維持した。しかし、融和は時に相手の行動を助長させる。しかも当時の英仏は、ドイツの突然の侵攻にあたふたとして、既成事実を認めることしかできなかった。

今、自分の実力はどのくらいか。

そして、その実力に見合った目標は何なのか。

想定される選択肢の中で、最も妥当なものは何か。

こういう判断を行う能力と決断力を、豊臣家は持つべきであった。たとえ政権を担当する能力を失ったとしても、「家」を残すための能力を保持する機能を、関ヶ原合戦後であっても構築すべきであった。

秀頼にその実務が無理であるならば、片桐且元や大野治長が分担してやるべきであったし、それには、今、豊臣家が置かれている状態の共通認識を持たなければならなかった。

秀頼には、生存伝説が残っている。特に薩摩に逃れたというのが有力で、地元では「秀頼の墓」と称されるものまである。

秀頼生存説は、庶民の判官贔屓《ほうがんびいき》から生まれたのであろうが、同時に、豊臣全盛時代を懐かしむ庶民の気持ちも代弁している。

だとすれば、大名たちの現実的な対応とは別に、豊臣政権への期待がたしかに存在していたのかもしれない。今はそれを、秀頼と共に斃《たお》れた者たちの墓前に添える花としたい。

終章

政治力はいかにしてでき、いかにして失うか

自ら薬の調合をした家康

徳川家康は、元和二年（一六一六）四月に病死した。七十五歳。死因は、亀腹《かめばら》、つまり胃癌であったと言われている。

排尿障害や梅毒治療のため、水銀やヒ素を多く含んだ薬を自己判断で飲み続けていたらしい（大坪雄三『英雄たちの臨終カルテ』）。

年齢や性的な遍歴、水銀などの摂取、そして何より、積年の懸案だった豊臣家の滅亡を見届けたという安堵感が、体調の変化をもたらした。

それにしても、長命であった。現代の感覚で言えば、九十歳近いかもしれない。

さらに、慶長八年（一六〇三）の征夷大将軍就任から数えれば、戦乱の世に十二年の長期政権を維持したこともまた、驚異であったと言わねばならない。

十二年の政権を維持する前、「政権を家康に」、という待望論が大名の間にあったこともまた、見逃せない。それは徳川系の大名だけではなく、豊臣恩顧の大名たちにも存在したことは、すでに縷々《るる》述べてきた。

家康待望の要因は何であったのか。

第一に、大きな領地を保有していたこと。関ヶ原合戦後は四〇〇万石と、他の大名を大きく引き離していた。

第二に、戦歴。織田信長との転戦、秀吉との決戦、関ヶ原合戦。当時の誰も、家康以上の現場体験を持っていなかった。

第三に、豊富な資金力。領地から上がる収入、貿易の独占、鉱山の直接支配など、大坂の陣前には、秀吉をしのぐ資金力を持っていたと考えられる。

しかし。

豊臣秀頼にはなお多くの資金があったし、戦歴はないが、「前天下人・秀吉の嫡子」という、天下を継ぐ資格では家康とは別の正統性を持っていた。領地についても第5章で触れたように、決して弱小とは言えなかった。

前章では、豊臣「家」としてなぜ失敗したのか、ということを中心に述べたが、終章にあたり、秀頼を含め、個人が持つ「政治力」について記したい。

中村菊男氏（政治学者）は、現代の政治家に必要な条件として複数挙げているが、その中で戦国時代にも通じるものとして体力・気力の充実と、人気・信頼感を指摘したい（『宰相の条件』）。

現代の政治家でも、政権獲得間近で死亡するケースは珍しくない。

戦後すぐの時期で言えば、吉田茂の後継者と目されていた緒方竹虎。常に政局の渦中にいた河野一郎。記憶に新しいところで言えば、安倍晋太郎や渡辺美智雄も挙げることができよう。

実力はあっても、体力、健康面で政権を握れないというのは、本人も悔しいであろうし、周りの人間も支持した甲斐がない。

この点家康は徹底しており、自ら薬の調合もしたし、運動も欠かさず華美な食事も避けた。

毛利は面白くなかった

二つ目の「人気・信頼感」、とはどういうことであろうか。

人気は、人づき合いの良さと面倒見の良さによって生まれ、信頼感は、「あの人は頼れる人だ」という、人気のうえに構築される人間性やリーダーシップによって生まれる。

敬遠される人は、どんなに頭が良くて実行力があっても、一匹狼で終わる。

「憲政の神様」と言われた尾崎行雄は、正義感も信念も強い、まさに「神様」のような政治家ではあったが、「敬して遠ざけ」られ、結局天下を握ることはなかった。

また三木武夫も最後まで小派閥の長だったが、「三木は頭のいい政治家であり、しかもタテマエをやかましく言う政治家である。ところが、首相たるべき器量のある人はスキがなければならない。なにからなにまで相手の心中を察しているような印象を与えてはならないのである。相手にも多少の優越感を与えるような性格の持ち主がふさわしい」（中村前掲書）。

豊臣秀吉は、すでに聞いた情報でも初めて聞くようなふりをしていたというが、それは、情報を運んでくる者に優越感を与え、再び自分のところに情報を運んでくれるのを期待してのことである。

スキをつくることで、敬遠されるのを防ぐ。

石田三成は、頭が良くて正義（法）を振りかざすようなところがあり、しかも人づき合いが悪く、愛嬌がなかった。

ある年の十月。毛利家から桃が秀吉に献上された。三成は、「立派な桃だが、季節外れのものだ。もし御前《ごぜん》（秀吉）が召し上がって腹痛でも起こしたら大変である。毛利家としても良くないであろう。季節のものを献上し直してはどうか」と言った。人々は「さすがは三成。こういう才覚人だから、秀吉も重用するのであろう」とほめた（小早川能久『翁物語』）。

もしこの話が事実なら、周囲の人間はともかく、毛利家は面白くなかったであろう。失敗を指摘されるのは、決して心地いいものではない。

現代の眼で見ても、狭量《きょうりょう》な感じは否めない。これでは、「三成のために」と思う大名が少なかったのも仕方がない。

病んでいた大谷吉継が飲んだ茶碗に誰も怖がって口をつけなかったのを、三成が全部飲み干した話や、家臣に対する温情話は伝わっている。ということは、三成は気に入った相手にはとことん親切にし、可愛がったということである。

しかし幅広く支持を得るという意味では、三成の性格は政治力を拡大するのに向いていたとは言えない。

子分のためなら死ねる親分

大きな政治力をもって政治を動かすには、「この人のためならば」という、信頼感よりもっと強いものを抱かせないと、難しい。

前田家三代目の利常に、こんな逸話が残っている。

利常は大坂夏の陣を終えて、加賀に戻った。そして、戦死した家臣たちのために「報恩寺」という寺を建立した。寺ができ、遺族たちを連れて参詣した時のこと。

利常は、自ら香を焚《た》いて、涙を流した。

これを見た人々は、「この殿様のためならば、自分は死んでも惜しくない」と、一緒に泣いた（『常山紀談《じょうざんきだん》』）。

こういう家臣への共感力がある人物には、必ず、死んでも支える忠臣が出てくるものである。

また、清水次郎長が興味深い話を残している。

明治に入って間もない頃、新聞記者が次郎長にインタビューをしに来た。

「次郎長親分、あなたのために死んでくれる子分は、何人くらいいるのですか」

次郎長は答えて言う。

「私のために死んでくれる子分が何人いるのかわかりませんが、私は、子分のためなら、いつでも死ねます」

数千人からの子分を統制するには、一方的に命じてもついてこない。それを次郎長は知っていた。「子分のためなら死ねる」。これで、ついていかない子分はいないであろう。

家康は、秀吉から疑われた大名をかばって奔走したり、部下に対しても情の深い人物だった。

残念ながら、というべきか、豊臣秀頼にはこうした話が残っていない。

関ヶ原合戦後の加藤清正たちの忠誠心は、秀頼個人というよりも、「秀吉の遺児」に対する思いであった。また大坂落城時、千畳敷で自害した秀吉の黄母衣《きほろ》衆《しゅう》・郡良列《こおりよしつら》らは「死をもって長い年月の恩に報います」と、忠義の対象が「豊臣家」、もっと言えばより秀吉にシンパシーを感じてのこと、と受け取れる（旧参謀本部編『日本の戦史 大坂の役』）。

根拠なき言いがかりの「二世問題」

政治力の条件はさまざまであるが、削り出してみれば「体力・健康」と「人気・信頼感」であると述べた。

では、政治力はいかにして失われるのであろうか。

本書で扱った大名たちには、まず「二世大名」がいる。

武田勝頼や豊臣秀頼。

二世問題は現代の政治でも時々指摘されるのだが、まず現代の二世議員たちについては、その能力だけとってみても特に他に劣るとは思えない。むしろ、父親時代からの官僚との信頼関係をうまく活用したり、外国要人との関係を発展させたり、人間関係という資産の活用は、眼を見張るものがある。

その弊害、たとえば「甘ちゃんで辛抱が足りない」「楽して当選しているから頭が高い」「お金の苦労を知らない」などがある。しかし、誰のどういう事実をもって指摘しているのか、いまひとつはっきりしない。ある三世議員の選挙を現地で見ていたことがあったが、あまりの過酷さに愕然とした覚えがある。

安倍晋三、福田康夫、麻生太郎ら、最近の首相をもって「二世、三世だからダメ」というが、どの政権も良い点、悪い点はある。また驚異的支持率を維持した小泉純一郎も三世である。

二世批判の、特にその能力批判は、個々の事実を挙げ、かつ、二世ではない政治家と比較し、結論を出すべきである。菅直人政権や野田佳彦政権が、安倍、福田、麻生政権よりずっとマシだったとは、到底思えないからである。むしろ、労働組合やさまざまな業界、各種団体出身議員が、その出身団体に逆らえず政治判断するほうがよほど大問題だと考えるが、これは別の機会に譲りたい。

戦国期の大名の多くが二世・三世以上であったことを思えば、世襲批判が、「世襲ゆえに能力が劣る」、といった非科学的、根拠なき言いがかりにすぎないことがわかる。

「豊臣秀吉や滝川一益、斎藤道三や北条早雲、加藤清正や福島正則らは、二世大名ではないぞ」

という批判には、こう答えよう。

「武田信玄や上杉謙信、織田信長や徳川家康、伊達政宗や島津義久らはみな、大名や大きな豪族の子である」

新興勢力台頭の中で、知恵と力を結集して、身内の裏切りや謀略にさらされながら一大勢力を築いた「二世」たちを、非力で能無し、とは誰も言うまい。

秀頼個人の政治力が問われた

ところが、二世大名（正確には十何代という大名もいる）ゆえに政治力を失うケースも、ある。

武田勝頼は、父親である信玄にことあるごとに比較され、そのことが引き金で強引な作戦が多かったことは触れた。それは、二世でありながら父親時代の家臣を、自分の側近や新しい世代に交代させるタイミングが遅かったケースである。

政治力は、人事によってより大きくなる。

抜擢された人間は忠誠を誓うが、父親時代の家臣は父親に抜擢されたから、その子に対する忠誠心は高いとは言えない（例外はもちろんある）。

早々に人事を刷新しなければならなかったであろう。しかし、大名たちの置かれた状況、たとえば抜擢したい家の跡取りがまだ若年であったり育っていないケースもある。人事刷新は、人材がいて初めて実現するのであって、そういう意味では先代時代から、「次の人材」養成は必要であった。

豊臣秀頼の場合は、あまりにも「機関としての大名」すぎた。

誰であれ、秀吉の嫡子ならそれでいい、という考え方である。

現代の二世・三世議員たちは父親の威光と同時に、自身の人望や能力を普通に問われる。二世候補でも、平気で落選する。

しかし、豊臣にとって秀頼は、秀吉のたった一人の実子であり、中身は問われなかった。

もし太平の世であれば殿様は「機関」、もっと簡単に言うと「神輿《みこし》」であるから、担ぎ手がしっかりしていればそれで保った。

が、世は戦国時代である。

神輿に魅力がなければ担ぎ手が集まらない時代に、「先代の子なら誰でもいい」とはいかなかったのである。

こうして秀頼個人の政治力が問われ、秀頼の政治力が発揮されることなく、豊臣家は滅んだ。

家柄だけの「裸の王様」

次に、代々の家柄を誇りながら、失敗した例はどうであろうか。

本書では足利義昭を一例に取り上げた。

名前だけで、政治勢力を持たない。

足利家は代々、征夷大将軍の家柄である。その跡継ぎでありながら将軍の座から転がり落ちたのは、義昭に「時代を見る政治力」がなかったからである。

先見性、と一般に言われる能力は、現代の政治家にも必要なものとされている。

先を正確に予測できる眼というのは、現状の正しい認識からしか生まれない。

特に誉れ高い家に生まれ育ち、家に対してプライドを持つ大名が陥りやすいのが将来予想の誤りである。

自分は将軍家を継ぐ者である。みな、自分の威光にひれ伏すであろう……。

こういう誤解は、今でも起きる。

総理大臣になると権力を握った気になって、自分が命じればなんでもできると誤解する者がいる。実際日本の総理大臣は権限が大きく、その発言も影響は絶大である。しかし政策を実現していくには、「総理たるオレさまが言ったんだ。やれ」では絶対に動かない。

その権力を使って人を配置し、意見を聞き、調整をし、立場を使って国民に語りかけ、与党を引き入れて野党を説得し、ようやく法案が「法」となる。

足利義昭は毛利の庇護下、鞆《とも》の浦《うら》に亡命政権をつくり、ここで盛んに将軍として書状を発給するが、もはやその時点で世の中を動かすことはできなかった。

追放され自前の勢力を持たない、支持する人も少ない「裸の王様」だったのである。家柄は決して無視できないがしかし、家柄やその家が持つ権力は、行使できる環境が整って初めて有効なのである。自分の立場を冷静に判断できなければ、将来の立場を失う、その好例である。

西郷隆盛と石田三成

織田家の家臣たちがたどった失敗は、突然独立を余儀なくされた家臣の、戸惑いにも似た失敗である。

織田家の家臣は、誰も本能寺の変を予測していなかった。自分たちはこのまま、織田信長・信忠父子の家臣として、天下を手中に収める手足であることを自然に受け入れていた(そうでなかったのは明智光秀のみ)。

しかし、突然の悲劇。

創業社長と跡取りの若き専務を失った集団が、さまよい出す。

予想しない事態だから、準備はしていない。

政治力は、意識しなければ絶対に保持できない。なぜなら、「自分の考える方向に人を動かす」には、意識的に味方をつくり、組織内で優位を占めなければならないからである。

秀吉はこの時、「織田家」という組織内政治に勝利した。組織で優位に立つための動きが、結果として天下を掌握する政治力となったのである。

関ヶ原合戦での西軍の失敗は、石田三成の政治力不足（人気と信頼感不足）でもあったことはすでに触れた。

関ヶ原合戦が多くの小説で触れられるのは、複雑な人間模様や駆け引きが面白いからである。が、その動きを決定づけていたのが、合理的な判断であるよりはむしろ感情的な判断であったことが、東軍に参加した豊臣系大名から読み取れる。

「三成憎し」

政治力が「理論や理想」であるよりは、「感情や現世利益」により影響を受けやすいのは、政治が人間の営みそのものだからである。筆者は、小説で描かれる（たとえば司馬遼太郎の『関ヶ原』）ように、石田三成が正義と忠義の人だったとは、必ずしも思わない。が、もしそうだとすれば、政治力を養ううえでどれほど三成自身の性格が災いしたことであろう。

幕末。理想主義者だったように思われている西郷隆盛は、ソロバンを見事に使いこなすことで知られていた。そして、人に与えることを常とし、清貧を貫いた。

三成の居城・佐和山城が落城したあと、どれほどの財宝が残っているかと期待したら、庭に樹木も植えず、壁には上塗りもされておらず、粗末なものだった。

西郷は最初から「清貧」と思われ、三成は「貯め込んでいる」と思われた。人からどう見られているのか、ということもまた、人気や信頼につながるのである。

今も政治力は意識する者に力を与え続けている

受け継いだ政治力を生かすには、第一に勤勉さが必要である。資産や家柄を引き継ぎ、あるいは強大な組織の中にいた者。いずれにしても、歴史は怠惰な者に権力を握らせてはいない。

第二に、現状を正しく認識する謙虚さ。

第三に、先代は、後継者が人事刷新できるだけの人材を事前に養成しておく。

第四に、意識して政治力を保持する（人気と信頼の醸成）。

ということは言えそうである。

台湾の李登輝《りとうき》・元総統は、

「相手の身になって考え、自分の利を求めず、事を達成する。これこそが『愛』であり、また私にとっての『政治』でもある」（『最高指導者の条件』）

と述べている。彼はクリスチャンなので「愛」という言葉を使うが、「利他」と置き換えてもよかろう。

政治力は、一見自分のためのものと見えるが、正しい政治力は、自分以外のもののために使われる。政治技術として他人への懐柔はあっても、それが主目的ではない。

戦国時代ですら、自分のためだけに固執するような武将は、早々に退場を余儀なくされている。

政治力を持たずに正論を吐いても意味はなく、正論を持たずに政治力を保持してもまた長続きしない。

全体の利益のために何ができるのか、ということを考えて初めて、政治力は伸び、政治力は持続する。

豊臣家と徳川家を比べれば一目瞭然だが、ただ「私を守れ」と言うのか、それとも、適切な領土を分配し、そのうえで従えというのかでは、まったく意味が違ってくる。

もちろん豊臣家に分配できる領土はなかったが、資金はあった。

その資金が、寺社や橋などの構築に使われたのはよいとして、政治力を養成するために使われず、しまいには、落城後も膨大な量の金銀が残ってしまった。

豊臣家が秀頼の代になって徹底的な「守り」に入ったことは理解もするが、であるならば、繰り返しになるが、徳川の傘下に入るべきであった。

傘下には入らず、政治力も養成せず、いたずらに金銀を保持し続けたのは、「自分以外の者のために何かをする」という発想が欠如していたからにほかならない。

徳川が正義のために政治力を拡大したとは思わないが、少なくともその過程において、他を利していたことは間違いない。なぜ他を利していたのか。それは、政治力を意識していたからである。世の中を動かそうとしていたからである。

政治力は絶対に、意識しなければ持てない。

戦国時代は、政治力の差によって明暗が分かれた。

それは、政治力を知っていたものと知らなかった者の差でもあった。

そして今も、政治力は意識する者に力を与え続けている。全体を考え、他を利し、そのうえで世の中を動かそうとする者に。

主な参考文献

柴辻俊六『武田勝頼』新人物往来社　同『信玄の戦略』中央公論新社　柴辻俊六・平山優編『武田勝頼のすべて』新人物往来社　平山優『長篠合戦と武田勝頼』吉川弘文館　鴨川達夫『武田信玄と勝頼』岩波書店　笹本正治『武田信玄』中央公論社　同『戦国大名の日常生活』講談社　宇田川武久『鉄砲と戦国合戦』吉川弘文館　マリオ・プーヅォ著／一ノ瀬直二訳『ゴッドファーザー』早川書店　腰原哲朗訳『甲陽軍鑑』（上中下）教育社　山田康弘『戦国時代の足利将軍』吉川弘文館　奥野高広『足利義昭』吉川弘文館　桑田忠親編『足利将軍列伝』秋田書店　桑田忠親『流浪将軍足利義昭』講談社　本郷恵子『将軍権力の発見』講談社　ノロドム・シアヌーク、ジャン・ラクチュール著／友田錫訳『北京からみたインドシナ』サイマル出版会　ジューン・ビンガム著／鹿島平和研究所訳『ウ・タント伝』鹿島研究所出版会　太田牛一著・榊山潤訳『信長公記』（上下）ニュートンプレス　谷口克広『信長と消えた家臣たち』中央公論新社　藤木久志編『戦国大名論集17 織田政権の研究』吉川弘文館　藤田達生『本能寺の変の群像』雄山閣出版　同『謎とき本能寺の変』講談社　谷口克広『検証本能寺の変』吉川弘文館　小田晋『独裁者の心理学』悠飛社　馬場周一郎『蘭は幽山にあり』西日本新聞社　二階堂進『己を尽して』日本経済新聞社　楠田實『楠田實日記』中央公論新社　山田栄三『正伝佐藤栄作』（上下）新潮社　日本再建イニシアティブ『民主党政権失敗の検証』中央公論新社　高坂正堯『世界史を創る人びと』日本経済新聞社　旧参謀本部編『関ヶ原の役』徳間書店　笠谷和比古『関ケ原合戦と近世の国制』思文閣出版　同『関ヶ原合戦四百年の謎』新人物往来社　同『関ヶ原合戦と大坂の陣』吉川弘文館　安藤英男『石田三成』新人物往来社　鈴木尚『骨──日本人の祖先はよみがえる』学生社　小和田哲男『関ヶ原から大坂の陣へ』新人物往来社　福尾猛市郎・藤本篤『福島正則』中央公論新社　安藤英男編『加藤清正のすべて』新人物往来社　本郷和人『武士から王へ』筑摩書房　旧参謀本部編『大坂の役』徳間書店　曽根勇二『大坂の陣と豊臣秀頼』吉川弘文館　同『片桐且元』吉川弘文館　二木謙一『大坂の陣』中央公論社　堀栄三『大本営参謀の情報戦記』文藝春秋　李登輝『最高指導者の条件』ＰＨＰ研究所　鈴木貫太郎『鈴木貫太郎自伝』日本図書センター　中村菊男『権謀』人物往来社　大坪雄三『英雄たちの臨終カルテ』羽衣出版　中村菊男『宰相の条件』ＰＨＰ研究所　ルイス・フロイス著／松田毅一・川崎桃太訳『完訳フロイス日本史』（織田信長編1～3・豊臣秀吉編1、2）中央公論新社　岡谷繁実著／北小路健・中沢恵子訳『名将言行録』（上中下）教育社　湯浅常山著／鈴木棠三校注『定本常山紀談』（上下）新人物往来社　辻達也『日本の歴史13 江戸開府』中央公論社　クラウゼヴィッツ著／篠田英雄訳『戦争論』（上中下）岩波書店

著者紹介
瀧澤　中（たきざわ　あたる）
1965年、東京都生まれ。作家・政治史研究家。駒澤大学法学部上條末夫研究室卒。2010～2013年、経団連・21世紀政策研究所「日本政治タスクフォース」委員。主な著書に『秋山兄弟　好古と真之』（朝日新聞出版）、『戦国武将の「政治力」』『幕末志士の「政治力」』（以上、祥伝社新書）、『日本の政治ニュースが面白いほどわかる本』『日本はなぜ日露戦争に勝てたのか』（以上、中経出版）、『政治の「なぜ？」は図で考えると面白い』『日本人の心を動かした政治家の名セリフ』（以上、青春出版社）、『悪魔の政治力』（経済界）ほか。共著に『「坂の上の雲」人物読本』（文藝春秋）、『総図解　よくわかる日本史』（新人物往来社）など。
ホームページ　http://www.t-linden.co.jp/book

本書は、書き下ろし作品です。

PHP文庫 「戦国大名」失敗の研究
政治力の差が明暗を分けた

2014年6月17日 第1版第1刷
2018年11月30日 第1版第19刷

著 者 瀧澤 中
発行者 後藤淳一
発行所 株式会社PHP研究所
東京本部 〒135-8137 江東区豊洲5-6-52
第四制作部文庫課 ☎03-3520-9617(編集)
普及部 ☎03-3520-9630(販売)
京都本部 〒601-8411 京都市南区西九条北ノ内町11
PHP INTERFACE https://www.php.co.jp/

組 版 朝日メディアインターナショナル株式会社
印刷所 共同印刷株式会社
製本所 東京美術紙工協業組合

 ISBN978-4-569-76192-3